儿童
游戏化
时间管理

徐敏明 著

郑州大学出版社

图书在版编目（CIP）数据

儿童游戏化时间管理 / 徐敏明著. — 郑州 : 郑州
大学出版社, 2023.2

ISBN 978-7-5645-8927-1

Ⅰ. ①儿… Ⅱ. ①徐… Ⅲ. ①时间–管理–儿童教育
–家庭教育 Ⅳ. ①C935②G782

中国版本图书馆CIP数据核字(2022)第132543号

儿童游戏化时间管理

ERTONG YOUXI HUA SHIJIAN GUANLI

策划编辑	郜 毅	封面设计	子鹏语衣
责任编辑	呼玲玲	版式设计	刘 艳
责任校对	成振珂	责任监制	李瑞卿

出版发行	郑州大学出版社	地 址	郑州市大学路40号（450052）
出 版 人	孙保营	网 址	http:// www. zzup. cn
经 销	全国新华书店	发行电话	0371-66966070
印 刷	中煤（北京）印务有限公司		
开 本	710 mm × 960 mm 1/16		
印 张	17	字 数	233千字
版 次	2023 年 2 月第 1 版	印 次	2023 年 2 月第 1 次印刷

书 号	ISBN 978-7-5645-8927-1	定 价	55.00元

推荐序 1

　　T教练（徐敏明老师）是我非常欣赏的青年创业者。我与他相识于百度创作者社群，在一起创作的过程中，我看到了这个年轻人的勤奋、务实和真诚。后来，机缘巧合，我们有过一些知识服务项目的深入合作。

　　我非常认同他终身学习的教育理念，他提出"寻找1000个终身教育者，服务1000万终身学习者，终身学习，成为自己"的使命和愿景，我非常欣赏。他不仅是一位教育者，更是一位陪伴孩子成长的好父亲。当我知道他和孩子一起打磨一套儿童时间管理系统，作为孩子上学前的礼物时，我感受到了一位父亲深远的用心和责任感。

　　现在的学校学科教育是一种"火箭发射式"的教育，十几年的学校教育似乎一直都是在做"准备"，孩子很难把当下学到的知识和未来在社会中的应用联系起来。而他让孩子从小就参与到项目中，综合运用所学知识、时间管理、思维导图等技能去做一个产品，帮助孩子建立知识与实际生活之间的连线，让孩子逐步达成知行合一。都说父母的眼界是孩子的起跑线，我觉得他不仅仅是助跑者，更是陪跑者，成为孩子身

边的榜样、成长中的陪伴者、体验多彩世界的导游、创造精彩人生的导师。孩子有着我们所不能到达的未来，最好的父母，不只是为孩子花钱、花时间的人，更是陪伴孩子一起成长、走向未来的人。

多年的培训经历，使我接触过很多优秀的企业家。我深知，任何事业的成功都无法弥补教育子女失败的缺憾。我看到越来越多优秀的父母开始重视家庭教育，他们为孩子构建和谐稳定的家庭环境，营造具备成长型思维的学习型家庭氛围，成为孩子最好的朋友和身边的榜样，陪伴孩子一起成长。父母是孩子的第一任老师，也是能够陪伴孩子一生的老师。国际儿童学习研究泰斗艾莉森·高普尼克说过，为人父母就像园丁在园子里种花，父母需要提供营养丰富、安全稳定的环境，健康、强大、多样的生态系统，让孩子们自己去创造无限可能的未来。

爱孩子并不是给他们一个目的地，而是为他们的旅程提供给养。在家庭教育中，父母可以协助孩子逐步搭建一套自我管理系统，并指导和陪伴孩子一起去践行，让好的习惯润物细无声般融入孩子的行为中，形成内在行为模式。良好的家庭教育可以更好地配合学校教育，并搭建起与社会教育之间的桥梁，培养孩子成为优秀的未来社会的主人，让他们终身受益。由此我把这本书推荐给3～12岁孩子的家长们。

孩子的天性是爱玩的、好奇的、想象力丰富的、专注的、快乐的。这本书里提出的儿童游戏化时间管理系统，符合孩子的年龄和心理成长特点，帮助家长调频为孩子的同龄人，在亲子游戏陪伴的同时，把时间管理的认知和技能潜移默化地传授给孩子。

一套系统的搭建，习惯的养成，并非一朝一夕可以达成，它需要日常点滴不断地渗透和浸染。这是本亲子共读的好书，是家庭养育指南，也是一本亲子时间管理游戏手册。在一个具备成长型思维的学习型家庭里，父母好好学习，孩子天天向上。父母掌握系统，并协助孩子定制专属的时间管理系统，陪伴孩子逐步学会自我管理。愿我们的孩子把生命中的每一天都投入有意义的使命和愿景中，活出独一无二的精彩的自己，获得幸福和成功的人生！

北京大学沃顿法商研究院筹备办副主任

张旭婧

让众多家长头疼的是：一到假期，孩子就成了"魔兽"，特别难管。

孩子还是那个孩子，假期怎么就成了"魔兽"呢？晚上不睡，早上不起，沉迷手机，沉迷网络，敏感易怒。

一切混乱的核心是没有管理好时间。因为时间的混乱会导致秩序的混乱，秩序的混乱会导致思维的混乱，孩子不自律、注意力不集中，甚至缺少诚信的品质，都与此相关。

到了假期，孩子脱离了学校的管理，不必朝六晚九地忙碌，也没有铃声安排学习时间。没有外力的约束，孩子由着自己的性子做事，晚上不睡、早上不起，时间节奏被打破，生活没有规律，十分懒怠。

由着自己性子做事的孩子更容易焦躁。我曾经看到一个被抱在怀里的小男孩，指挥着自己的爷爷奶奶干这个，做那个。爷爷奶奶一味地服从，结果孩子更烦躁，也许他情绪不好，他也不知道自己想要什么，因为没有理性思维能力，就体现为不断地提要求。爷爷奶奶把不断地满足当成一种呵护和爱，这实在大错特错。孩子这时候需要静下来，要明确地告诉他"不可以"，被管制的孩子也许就静下来了，因为安静带来的

安全感，反而会让他沉静。

大一些的孩子也如此，我们不要以为孩子更会玩，更愿意玩。说实话，现在的孩子已经不会玩了，因为再也没有不受限制的疯跑，没有不受约束的打闹。这代孩子玩电子产品，玩电子产品之后精神是什么状态？是放松、满足吗？现在还没有科学的追踪研究，我们看到的是，孩子玩电子产品之后，没有在外面与其他孩子打闹之后饱满的精神状态。现在的孩子被成绩紧紧地裹挟着，他们玩完电子产品之后，可能会产生一种负罪感，导致精神进一步颓废。如此看，由着自己性子的孩子并没有得到快乐。

所以，让孩子学会时间管理十分重要。老子说："胜人者有力，自胜者强。"能管理好自己的时间，其他问题就迎刃而解了。

获得凯迪克大奖的绘本《青蛙与蟾蜍·好朋友·明天》讲了一个发人深省的故事。青蛙和蟾蜍是一对好朋友，有一天青蛙去看蟾蜍，蟾蜍躺在床上不起来，因为他觉得屋子里太乱，都收拾不完。蟾蜍回避问题，青蛙告诉他哪里应该收拾，蟾蜍很不耐烦地回答："明天啦！"后来，蟾蜍突然明白，如果今天做完那些事，明天就可以彻底地轻松一天了。于是他起床，干完了所有的活。

那明天干什么呢？蟾蜍说："我只想轻松地躺一天。"

今天躺一天和明天躺一天看起来一样，但本质完全不同。因为有那么多活儿存在，今天躺一天会心事重重；而今天做完了一切，明天再躺可就彻底放松了，明天躺比今天躺将获得更多的满足。

拖延症打击的是自己。

人管不住自己会很苦恼，自我约束本身能带来成功的愉悦感，而约束不好自己，往往就是不会规划时间的结果。

孩子不会自主规划时间，越小的孩子越觉得时间过得慢。日本山口大学时间研究所的井上慎一教授指出："人是通过海马体记忆的，在两侧耳朵深处各有一个海马体，海马体受伤，就会失去时间感和记忆。海马体对一件事发出'要记忆'指令的次数越多，在事后回忆时，他们就会感觉时间过得越慢。小孩子对各种事物都感到好奇，海马体也频频发出记忆指令，所以小孩子就感觉一年过得很慢，他们完全没有时间意识，做事不讲效率，没有紧迫感，不会主动去安排时间，但随着年龄的增长，觉得时间过得越来越快，无论性别或国籍，这都是人类共通的感受。"（《柔软的生命时光——生命的时间学》）这个时候，如果孩子不进行有效的时间管理训练，就会走一段弯路。因此美国和日本的学校都有专门的课程训练孩子的时间管理意识，教时间管理的方法。

时间管理是一门学问，越早掌握这门学问，人生就越顺利。徐老师多年研究儿童时间管理，并运用游戏化的方式对儿童做时间管理的训练，经过长期实践，已经形成一套行之有效的方法，可以给父母提供切实可行的操作方式，对正在育儿道路上的父母来说，实在是一件幸事，感谢徐老师这么多年持之以恒的努力。

烟台大学文学与新闻传播学院
青少年阅读推广人
郑世华

前言
PREFACE

 本书目的

　　本书内容源自我的同名课程——"儿童游戏化时间管理"，这套课程获得了国家版权，并且做过很多期训练营，迭代了十几版，从课程本身来说，是相对成熟的。课程中提供了10个儿童时间管理工具，通过21天的陪伴式学习，培养孩子的时间管理技能。最终帮助孩子主动高效学习，告别拖拉磨蹭；帮助家长获得心法技巧，告别"怒吼式育儿"。现在，我把这套经过反复验证的课程整理成书，希望能帮助到更多的家长和孩子。

　　最初萌生做这套课程的想法时，我家孩子正处在幼小衔接的阶段。都说孩子在幼儿园的几年是父母最轻松、孩子最快乐的几年，而进入小学后，家长和孩子面临的挑战会随之而来，并且越来越多。比如，小学相比幼儿园，管理更为严格，孩子每天要早起去学校，不能迟到，但是，孩子偏偏又磨蹭，起不了床；比如，因为孩子早上上学不能迟到，所以晚上睡觉的时间就不能像之前一样随性，但孩子晚上往往很兴奋，就是不愿意早睡；比如，孩子入学后，会有不少作业，每天需要按时完成。如何疏导孩子不愿意做作业的情绪，如何帮助孩子高效完成作业等，都是摆在家长和孩子面前的挑战和难题。那么，如何帮助孩子愉快而高效地完成一系列的挑战呢？

本人是一名个人成长教练，长期从事成人自我管理课程的研发、设计和讲授。作为成长教练，我深知自我管理能力对人的一生影响非常大，尤其是时间管理能力。所以，我希望在孩子入学之前，送他一份能够帮助他做好时间管理的课程作为礼物，这就是"儿童游戏化时间管理"课程研发的初衷。在课程研发的过程中，通过和孩子不断地使用并调整游戏清单的设置及使用方式，课程更具有理论和实践结合的依据。我的孩子在使用过这套儿童游戏化时间管理的方法后，也受益良多。于是，我就想把这套方法分享给更多人。我不但做了这套"儿童游戏化时间管理"课程，还把课程上架到了课程平台，想让更多家长和孩子能接触到真正适合孩子的时间管理方法，并从中受益。课程在某教育平台发布后，大受好评，几年来，累计帮助了2万个家庭。用户的反馈让我觉得特别欣慰，有的孩子作业效能提升了，有的孩子脾气变好了，有的妈妈认识到了育儿要先育己，从此开启了自我成长的大门。看到这套课程能够帮助孩子在自我管理的道路上向前一步，我感觉所有的辛苦都是值得的。

也许一切都是最好的遇见，2021年上半年，我偶然认识了蔡荣建老师，并接受了他的邀请——写一本关于孩子自我管理的书。于是，将"儿童游戏化时间管理"课程整理出版的计划就这样开启了。

 本书特色

本书有两大特点：游戏化和清单化。书中介绍的方法特别适合3~12岁的孩子，是符合儿童发展心理学的有效方法论，全书站在孩子的视角，是真正适合孩子、尊重孩子发展的一本书。

想让孩子掌握一项技能，首先要考虑的是，它能否引起孩子的兴趣，是否好玩。兴趣是最好的老师，一项技能再好、再有用，如果孩子不感兴趣，也很难发挥它真正的作用。所以，我将孩子最喜欢的游戏化元素贯穿本书，比如经典绘本《棕熊，棕熊，你看到了什么》、中国神话故事《后羿射日》、DIY制作时钟、角色扮演、拼图游戏、时间赛跑等，都是借用孩子熟悉的故事和好玩的游戏，吸引孩子的兴趣，轻松达到配合家长执行的目的。

游戏化是为了让孩子有兴趣，但是作为家长，我们更希望这是一套行之有效的时间管理方法。游戏只是载体，目的是引起孩子的兴趣，能积极主动配合执行。本书中有大量的实用清单，如晨起清单、睡前清单、作业清单、积分清单等，这些才是最终帮助孩子养成良好习惯、学会时间管理的关键，通过游戏的方式，让孩子心甘情愿地学习，在不知不觉中学会。

因此，本书是一本孩子觉得有趣，家长觉得有用的儿童时间管理手册。书中的工具和方法可以帮助孩子养成自我管理的好习惯，一起开启时间管理之旅。

 本书章节介绍

第1章：做好儿童时间管理的意义。这一章主要让读者了解时间管理是什么，孩子的时间管理和成人的时间管理有何区别。在正式开始学习儿童时间管理时，可以做到心中有数，以终为始，让孩子赢在终点线。

第2章：儿童宏观一日时间管理。这一章介绍一天整体时间安排，对孩子来说，一天是基本单位，能够管理好自己的每一天，都是在为管理一生做准备。这部分是孩子的宏观时间管理，其中包含两个游戏化清单工具——"便签时间管理法"和"一日时间饼"。

第3章：儿童中观时间段管理。这一章，我们把一天中最能掌控的三个时间段抽离出来——晨起时间、作业时间和睡前时间，作为孩子的中观时间管理。本章介绍了3个清单帮助孩子提升效能，分别是：晨起清单——帮助孩子

不再拖拉起床，作业清单——让孩子做作业效率提升一倍，睡前清单——让孩子按时睡觉。

第4章：微观认知时间。帮助孩子在微观层面加深对时间的认知。本章通过3个游戏让孩子更好地记录时间、估计时间、感知时间。我们还会和孩子一起DIY制作一个专属自己的时钟，帮助孩子把"时间"概念内化到日常行为中，培养孩子规律的习惯。

第5章：游戏化清单。这一章是前面几章的综合运用，教会家长和孩子一起设计积分表，帮助孩子自愿执行之前设定的计划，并且和大家讨论清单的正确使用方法，不但让孩子掌握时间管理的方法，而且让孩子养成良好的自我管理习惯。

第6章：学员疑惑和答疑。从一日时间规划、时间段规划、整个清单系统3个方面，从众多学员问题中精选了50余个典型问题，这些问题是和我们一起学习的家长们在儿童时间管理、亲子养育的实践过程中遇到的真实问题，并针对具体的场景，给出解决方案和参考思路。

第7章：学员分享。精选了4位妈妈的学习收获，有幼儿园二宝妈妈和小学阶段的几位妈妈，是她们在学习实践前后的收获。如果你家里的孩子有时间管理的需求和疑惑，我相信通过这几位优秀而用心的妈妈的分享，可以给你些许启发。

目 录
CONTENTS

第1章
做好儿童时间管理的意义

第2章
儿童宏观一日时间管理

第3章
儿童中观时间段管理

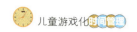
第4章
微观认知时间

第5章
游戏化清单

第 6 章
答疑解惑

第 7 章
学员分享

后记

第1章

做好儿童时间管理的意义

时间管理的含义

简单地说，时间管理就是解决有限时间与有效做事的问题。时间管理不仅仅是管理时间，更准确地说，是做好自我管理。

🕐 什么是时间管理

1.时间管理

很多人认为，时间管理就是帮助自己提高效率，增加对时间的有效利用率。但是，如果只是单纯地增加时间的使用效率，会让我们的事情越来越多，越来越忙。

在我看来，时间管理是把时间作为一种资产，进行投资的自我管理行为。你的时间花在什么地方？它的产出是什么？由你来决策是否要花时间做这件事情，花多少时间？我认为，每个人都需要坚持做有积累价值的事情，不仅获得时间的回报，而且要成为时间的朋友。

2.时间管理的本质

时间无法被直接管理，时间管理的本质是自我管理，管理自己如何设定目标，如何为任务分配时间。

世界上最公平的是时间，无论你是谁，无论你是贫困还是富有、年长还是年幼……每个人的一天都是24小时，即1440分钟，谁也一分不多，谁也一分不少。但是，同样是24小时，为什么有的人硕果累累，有的人却一无所获？究其原因，本质上是自我管理的差距。即便是时间这样一个非常公平的要素，由于每个人的理解、认识、方法和习惯不同，对时间的把握和利用可能也会完全不同，最终时间管理的效果也大不相同。

3.时间管理方法

时间管理很重要也很特殊，它是一门学校不会教，但是人人都需要用到的技能。前面也提到，时间本身其实是没有办法管理的，我们能管理的只有我们自己，也就是自我管理。

自我管理有很多主流且有效的方法（见图1-1），大家肯定也听过一些，比如GTD时间管理法（Getting Things Done，意思是把需要做的事情处理好）、史蒂芬·柯维提出的"四象限法则"、目标管理的SMART原则、任务分解法等。其中我比较推崇的是GTD时间管理法，它也越来越被主流大众所接受。

图1-1　时间管理方法关键词

　　如今的工作节奏越来越快，不论是公司高管还是普通职员，每个人都有数不清的事务要处理，你可能会发现自己经常陷入两种模式中：

　　第一种模式，你感觉自己的时间像流沙，永远是碎片，总是陷入无数细小的任务中。

　　第二种模式，你希望保留一些大块的时间，用来完成重要的事情，可是你会被太多临时发生的事情打断，这让你非常苦恼。

　　其实，还有第三种模式，这就是戴维·艾伦在《搞定》中推崇的"心静如水"的境界：一片湖水，投下一粒石子会产生涟漪，但是很快又恢复平静。在戴维·艾伦看来，时间管理的高手就像水一样。而他提出来的GTD时间管理法，行为要素非常简单，只需要五个步骤就可以达成：收集、清空收集箱、组织整理、定期回顾和执行。GTD时间管理法可以帮助我们进入一种注意力集中，同时又放松自如的状态，这恰恰就是获得最高效率时的状态。

⏰ 孩子和成人时间管理的区别

　　GTD可以说是一套全面、系统、被广泛运用的时间管理方法，那么这套方法是否一样适合孩子使用？有家长做过这样的尝试，把学到的自认为有效的这套方法用在孩子身上，但结果孩子没有兴趣，执行不下去，收效甚微。所以方法再有用，又有什么意义呢？

　　让我们重新回归家庭教育，来研究孩子应该学习怎样的时间管理方法和技能。儿童的时间管理和成人的时间管理有什么区别呢？

　　第一，重心不同。3~6岁的孩子，最重要的3件事情是：吃饭、睡觉和运动。而到了6~12岁，最重要的3件事情是：起床、睡觉和做作业。孩子生活的重心和成人有很大的不同，所以孩子的时间管理和成人的时间管理自然是不一样的。

直接把成人的时间管理方法套用到孩子身上，看起来非常成体系，但是有一个致命的缺点——没效果。或者孩子可能被家长强压住执行，会有短期效果，但是因为没有尊重孩子的年龄特点，也没有尊重孩子最重要的需求点，所以不会有长期的效果。

第二，需求不同。对于儿童的时间管理，父母的想法其实很简单，就是希望孩子自己能"搞定一切"：每天好好吃饭，早上准点起床上学，晚上乖乖早点睡觉，作业做得高效一点……但是，孩子的想法其实更简单，就是希望能玩、好玩。孩子的心思是：如果我有更多的时间玩，那我就愿意去学习。

本书介绍的游戏化时间管理方式，就是借助亲子游戏，把孩子的核心需求和家长的期待结合起来。不仅让孩子觉得这个过程很有趣，像在玩游戏，在快乐和轻松的氛围下，还能激发孩子的兴趣，获得积极的体验，保证了整套时间管理系统真正有效，能够让孩子的生活、学习效率都有所提高。并且借此建立起父母和孩子之间良好的联结和亲子关系，同时在好玩的游戏中，协助孩子掌握技能，提高能力，获得实在的效果。

第三，形式不同。孩子的逻辑思维一般在小学三四年级以后才慢慢发展起来。在此之前，孩子的思维方式都是以形象思维占主导的。如果照搬成人的时间管理，即便能给孩子一套系统，他也很难理解，更难对此产生兴趣。我们需要顺应孩子的特点，使用形式活泼、图案丰富的游戏化清单，比如思维导图清单，搭配绚丽的颜色、图标，激发孩子的兴趣，调动孩子的右脑。比如本书中的游戏化清单，就是有场景、有故事感的清单，更适合孩子们落地执行。

不同年龄阶段孩子的时间管理侧重点

不同年龄阶段的孩子需要养成的习惯各有侧重点，下面分年龄段进行分类介绍。

1~3岁的孩子，重点是培养日常生活习惯。这个年龄段的孩子，需要重点执行日常生活习惯清单，比如吃饭清单、洗手清单、穿衣清单等。除此之外，根据孩子的能力，家长还可以拓展一些清单，比如整理玩具清单、出门玩耍清单等。

4~6岁的孩子，重点是培养日常起居等自理能力。这个年龄段的孩子，需要重点执行规律性的生活习惯清单，比如"一日时间饼"、晨起清单、睡前清单、"成长树"等。这个阶段主要培养孩子的执行力和自理能力，而制作清单时家长需要引导孩子参与设计，让孩子体验到主人翁的感觉。让他们意识到设计清单是自己的事，执行清单也是自己的事，同时家长要帮助孩子不断练习，并且适当督促。

7~9岁的孩子，重点是培养学习习惯和生活习惯。这个年龄段的孩子，需要重点执行学习习惯和生活习惯清单，比如作业清单、家庭会议清单、整理书桌清单等。另外，可以适当地做一些家务，可以执行例如洗碗清单、拖地清单等日常家务活动清单。

10~12岁的孩子，重点同样是培养主动学习和统筹安排生活的能力。这个年龄段的孩子，需要重点执行各种更有挑战性的清单，比如周计划清单、月计划清单等。根据生活场景不同，还可以让孩子尝试制作家庭会议清单、假期计划安排、旅行计划安排、家庭活动策划等。

儿童时间管理的意义

🕐 学会儿童时间管理，帮助孩子茁壮成长

我是一个10岁男孩的爸爸。在养育一个调皮孩子的过程中，每天都会遇到各种状况：晚上玩得太兴奋，不想睡觉；早上起不来，总想玩手机，做作业总是很慢，拖拉磨蹭……不知道家长们有没有遭遇同样的困境？孩子的这些"坏习惯"你忍了多久呢？

在践行和教授成人时间管理的5年中，我非常清楚，如果孩子做不好时间管理，就会产生一系列的问题。时间管理做不好，孩子很难养成良好的生活和学习习惯，到了小学阶段，成绩必然会受影响。虽然成绩不是衡量孩子优秀与否唯一的标准，但是我们都希望孩子不但身体健康，而且成绩优异。如果孩子成绩差，父母的精力消耗就会非常大，容易焦虑，甚至情绪失控。面对孩子磨蹭拖延时，父母可能会忍不住大吼，而越吼孩子越叛逆；继而父母的情绪会更加糟糕，进入恶性循环，很多时候亲妈就变"后妈"了。

所幸的是，我们可以从现在开始，协助孩子用科学的方法掌握时间管理这个技能。科学育儿，帮助孩子茁壮成长。

⏰ 儿童时间管理的重要性

孩子学会时间管理之后，至少有4个方面会受益。

1. 良好习惯

在小学阶段，孩子之间的智商差异其实很小，符合正态分布曲线，也就是极聪明和极不聪明的孩子少之又少。刚上一年级时，成绩好的孩子可能得"双百"，而稍微差一点的也可以拿到90分。可是，随着年龄的增长，三四年级以后，孩子们就不是90分跟100分的微小差别了，而可能是60分跟100分的巨大差距。孩子的智商并没有太大的差异，那为什么成绩会出现如此大的差距呢？其实，造成这个差距的原因，大概率是生活和学习习惯的养成，以及自我管理能力上的差别。

拉开人与人之间差距的重要原因就是习惯，包括前面提到孩子的各种拖拉磨蹭，本质上还是因为孩子没有养成好的习惯。坏的习惯，不仅偷走了孩子的时间，也消耗了父母的耐心和精力。如果可以帮助孩子养成早睡早起、专注做事、分清主次的好习惯，孩子会受益终生。

2. 优秀品质

学习时间管理可以使孩子更加积极主动，把学习当作自己的事，也可以帮助孩子更加自律，更加珍惜时间，养成守时的优秀品质，助力孩子成长为高效能人士。具体来说，有以下几个方面。

第一，培养孩子的主动性。我们经常会遇到这样的场景：孩子放学回家后，并不马上写作业，要么先玩会儿游戏，要么先看会儿电视，要么干脆出去玩上一圈，晚饭后才开始做作业。等到做完作业，一般就很晚了。如果老师当天布置的作业多一点，孩子睡觉的时间就更晚了。睡眠时间不能保证，

孩子第二天精神状态就不好，早上起不来，上课无法专心听课，继而成绩受到影响。这样的连锁反应，皆是因为孩子没有做好时间规划，没有优先完成重要的事。而有的孩子，回家后马上开始做作业，晚饭前作业就做完了，这样晚饭后就可以轻松安排自主时间，比如踢足球、出去散步、玩游戏、看电视……父母如果有空，还可以安排亲子阅读，加强亲子沟通。

其实，孩子天生向好，也想管好自己，只是缺乏正确的方法和引导。如果家长能帮助孩子掌握时间管理技能，孩子会更主动地去做那些必须要完成的事项，并合理安排自己的时间。

第二，提高孩子的自律。有句话叫"自律方能自由"。幼儿时期是一段非常关键的时期，需要由父母耐心地引导孩子什么能做，什么不能做，该去做什么，什么时候去做等。父母要帮助孩子慢慢地适应和探索外部世界。

随着年龄的增长，孩子的自我意识慢慢增强，会产生自己的意愿和想法。这个过程其实是孩子在探索和建立内在的规则和秩序，进行自我管理。如果父母总想着为孩子规划和安排，让孩子按照家长的意愿行事，那么这种环境下长大的孩子，很难成为一个有自驱力且自律的人。

有什么方法能帮助孩子建立起自驱力和自律呢？时间管理就是非常好的方法。通过记录、体验、感受和调整，孩子可以感知时间的流动，把生活和学习中的事情与时间建立联系，拥有对时间和自己的掌控感，培养自驱力，成为独立而自主的人。

3. 幸福人生

有句话说：幸福的童年治愈一生，不幸的童年要用一生治愈。

在时间管理训练营里面，有位妈妈说："早上起床，首先给娃的房间开窗，让光线和风透进房间，很舒适。我告诉孩子爸爸，老师说要让孩子听她喜欢的歌，而不是我们家长想让她听的歌。孩子爸爸立刻搜索斗罗大陆的歌曲——《破茧》，果然是好爸爸，太了解女儿了！结果可想而知，女儿一听到喜欢的音乐，立马来了精神，一翻身便爬起来了。"每当这时候我就感叹：多么温馨的家啊！不需要唠叨吼叫，也不需要一遍又一遍地催促，更不用担心孩子起床后一通发脾气。只需要拉开窗帘，播放一首孩子喜欢的音乐，自然唤醒就足够了。简简单单，给孩子多一点耐心和宽容，一家人就可以拥有一个美好的早晨，开启美好的一天。一日之计在于晨，孩子怎么过一天，就会怎么过一生。

家长们都非常关心孩子学习的问题。其实，在孩子的世界里，不只有学习和兴趣班，和好的学习成绩相比，让孩子拥有好的状态和好的人生才是长远之计。在儿童时间管理体系中，可以用游戏化的方法，帮助孩子建立自己的时间管理系统。其中每一种方法的应用，都可以增进亲子关系。好的亲子关系，会给孩子的一生带来幸福的底色。

4. 把握时机

12岁之前，是孩子最重要的成长期，一生80%的习惯会在这个时期养成并固化，所以家长的引导非常重要。如果家长不做引导，孩子很有可能会养成拖拉磨蹭、做事不认真、三分钟热度、拖延畏难的坏习惯，并且有可能这样的习惯会伴随孩子的一生。

越早开始培养孩子的时间管理能力，越容易帮助孩子养成好的学习和生活习惯，父母也会更加轻松。帮助孩子掌握时间管理和自我管理，家长在收获一个自律的孩子的同时，还能奠定良好的亲子关系基石，让孩子受益一生。

🕐 儿童时间管理的难点

因为时间的概念很抽象，所以孩子对时间通常都不太敏感。时间是看不见也摸不着的东西，很难感知，因此孩子在人生初期对时间的感知，需要

父母的辅助和引导。父母是孩子的榜样，亲子沟通、教养方法以及良好的陪伴，对孩子将来学习任何技能，养成好的习惯都有非常大的影响。

1. 亲子沟通

谁都不想做自己不愿意做的事情，除非被外力强迫。孩子不愿意做的事情，只能靠家长不停地催促，家长推一下孩子动一下，拖拉磨蹭的习惯就是这样养成的。良好的沟通，是提高孩子自驱力的最好方式。父母的作用应该是引导而不是主导。父母要让孩子知道，为什么要做这件事情，在给孩子权利的同时，要明确告知他需要承担的责任。这样，孩子在遇到困难时，就知道应该如何去面对困难，并且主动想办法解决问题。父母要把主动权交给孩子，培养孩子的自主性，让孩子做自己人生的主人。

有了良好的亲子沟通，孩子就会有动力去执行各项任务。相反，如果家长和孩子不能积极沟通，就会让孩子关上倾听的大门。当孩子不愿意听从父母的建议时，那些道理便是多说无益了，孩子的时间管理自然很难有效果。

面对孩子，父母要做的最重要的事就是尊重孩子。作为成年人，父母首先要处理好自己的负面情绪，通过平静而共情的沟通，和孩子达成合作，处理好问题。家庭教育最重要的是亲子关系，能够与孩子保持良好沟通的父母，可以为孩子提供支持性的亲子关系。

2. 教养方法

市面上的儿童时间管理课程有很多，总的来说大致有以下三种类型。

第一类，直接让孩子自己学。一般来说，就是家长把孩子送到线下机构，学费通常比较高。家长期待机构能在一两个月之内，改掉孩子所有的坏习惯。这种方式往往是家长图省心，不想自己费劲，但是这种方式的效果并不是最好的。因为时间管理是一种技能，就像孩子学乐器一样，它需要不断地刻意练习，并且需要得到导师的指点以及父母的陪伴。如果只是让孩子去学，而没有父母的陪伴，大部分的孩子是很难坚持的。

第二类，父母单独学习。这类父母认同儿童时间管理对孩子的重要性，他们会去学习各种微课、训练营、线下课程，投入很多金钱和精力。希望学成之后，回去"管理"孩子，但这种情况有个风险——家长可能会想去控制孩子，要求孩子按照家长的想法行动，强制孩子遵守家长的时间管理方法。这样一来，孩子有可能会非常反感，因为他一直在被动接受。家长认为的"对"，孩子未必认同。

第三类，亲子共学。亲子共学，是我个人比较推崇的方法。父母和孩子一起学习，无论对父母还是对孩子来说，都可以终身受用的技能——时间管理。在亲子共学中，培养亲子关系还有个关键点，就是家长要身教大于言传，让孩子看到父母的学习态度和学习行为，对孩子来说是最好的教育。不管父母现在对时间管理了解多少，只要愿意和孩子一起学习，并且在这个过程中投入时间和精力，和孩子共同成长，让孩子始终有和父母"在一起"的感觉，所带来的效果一定是最好的。

3. 好的陪伴

父母都爱孩子，每个父母都会说："我爱我的孩子，非常爱！"而我们也常听说"父母之爱"变成"父母之害"。但是，父母不是真的要去害自己的孩子，而是因为没有正确的认知、科学的方法，把"爱"弄成了"害"。

什么样的父母才是最好的父母呢？我认为好的父母，首先会愿意为孩子投资，比如把孩子送到教育机构去学习；更好一点的父母，愿意花时间陪伴孩子，比如陪伴孩子阅读，陪伴孩子游戏，陪伴孩子学习等；而最好的父母，会为了孩子改变自己，不断学习，陪伴孩子成长。

都说陪伴是最长情的告白，但这还不够，陪伴孩子成长才是最长情的告白。时间管理就是家长陪伴孩子成长最好的工具，它就像一根杠杆，能够产生巨大的时间投入产出比。

孩子怎么做时间管理

　　本书介绍的游戏化时间管理系统，是借助亲子游戏的养育方法，采用游戏化的方式，把孩子的核心需求和家长的期待结合起来。不仅让孩子觉得这个过程很好玩，像在玩游戏，还能够保障效果，提高孩子的学习、生活效率。

🕐 建立时间管理系统

　　对于家长来说，需要掌握培养孩子时间管理能力的具体步骤。当家长理解了儿童时间管理的培养过程，也就掌握了一套行动指南，拿到了解决孩子拖拉磨蹭问题的通关地图。有了这张地图（图1-2），家长无须盲目焦虑，只要遵循路径、按部就班、有的放矢地进行训练，就可以最终达到孩子自主管理时间的目标。

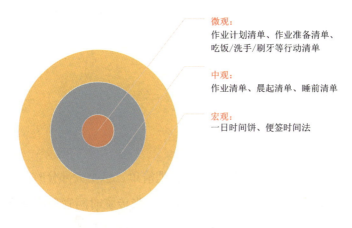

微观：
作业计划清单、作业准备清单、
吃饭/洗手/刷牙等行动清单

中观：
作业清单、晨起清单、睡前清单

宏观：
一日时间饼、便签时间法

图 1-2　时间管理系统的三个层面

本书介绍的时间管理系统，分为**宏观**、**中观**和**微观**三个层面。

宏观层面，是对一天的整体时间安排，包括"便签时间法""一日时间饼"等；中观层面，是对一天中一个时间段的安排，侧重具体习惯养成，包括晨起习惯、作业习惯、睡前习惯等；微观层面，是对一天中一个时间段内的一个具体事项的安排。它是把要做的事项进一步分解成一个个看得见的具体行动，通过使用具体行动清单，帮助孩子提升单个项目的效率，比如提升收拾书桌、做作业效率等。如果家长的主要目的是提升孩子的做事效率，那么可以重点学习微观层面的具体行动清单。

整个儿童时间管理系统是一个通用的思维模型。这种模型可以应用在多个场合，小到孩子的时间管理，大到国家的战略规划。作为陪伴孩子做时间管理的家长，一定要了解这个模型，最好能全面掌握。如果只注重宏观层面，就会不落地不实操，忽视具体事项的效率提升，最终看不出真正的效果。而如果只注重微观层面，就会掉入具体事项陷阱，眼里只有枝叶没有大树，最终陷入无尽的纠结。

想要帮助孩子掌握时间管理技能，形成规律的作息，养成良好的习惯，家长就需要从认知层面了解整套时间管理系统。因为家长越了解系统与工具

之间的关联，以及工具与实际生活场景的关联，它就越能发挥不可替代的作用。

⏰ 善用游戏化清单

下图（图1-3）是一张传统的时间管理清单，也是大部分时间管理方法会推荐的非常有效的工具。但是，使用这样一张传统时间管理清单来规划孩子一天的时间，有以下几个问题：第一，时间安排得太紧凑；第二，方式单调呆板；第三，看着一大片纯文字的清单，孩子没有执行任务的兴趣。

暑假作息表	
07:00—07:20	起床，穿衣刷牙，洗脸，喝一杯温开水
07:20—07:50	经典诵读
07:50—08:10	吃早饭
08:10—08:20	自由活动
08:20—09:00	从家出发去上英语培训班
09:00—11:00	上英语课
11:00—11:30	回家
11:30—12:00	看电视
12:00—12:20	吃午饭
12:20—12:30	自由活动
12:30—13:30	午休
13:30—14:00	起床，吃水果，点心
14:00—14:30	写暑假作业
14:30—15:00	从家出发去打乒乓球
15:00—18:00	打乒乓球
18:00—18:30	回家
18:30—19:00	吃晚饭
19:00—19:40	看新闻联播、天气预报
19:40—21:00	学习（周一练字，周二学语文，周三学数学，周四学英语，周五画画，周六看电视）

图1-3　孩子的传统时间管理清单

这种线性的清单笔记，非常讲究逻辑性，但是孩子一般都要到三年级以后，逻辑思维才会慢慢发展起来，在此之前都是形象思维占主导。这么一张满满是字的清单，孩子很难有兴趣，更别说按照清单执行了。因此，我们应该采用形式更活泼、更丰富的清单。这里推荐两种：思维导图清单和游戏化清单。

第一种，思维导图清单（图1-4）。思维导图清单的优势是，颜色好看，配合图标，清晰明了，可以很好地引起孩子的兴趣，调动孩子的右脑形象思维。

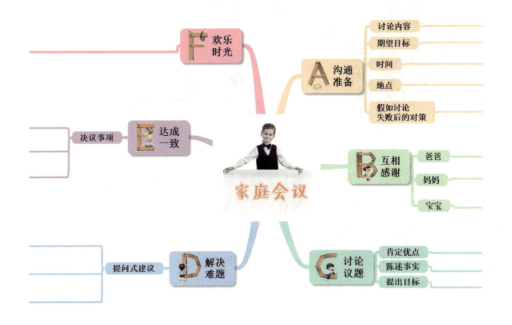

图 1-4　时间管理清单思维导图

第二种，游戏化清单（图1-5）。这种游戏化、有场景、有故事感的清单，更加好玩，孩子会更喜欢。

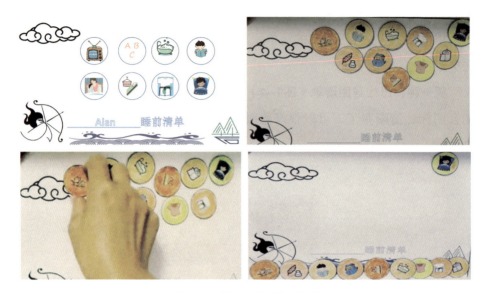

图1-5　游戏化时间管理清单

上面的睡前清单以《后羿射日》这个民间故事为背景，孩子在使用这个清单的时候，就像在玩"后羿射日"的游戏。在这个神话故事当中，天上有十个太阳，后羿要射掉九个太阳，只留下一个。在这个清单中，每一个图标代表一个待完成的事项，也是一个太阳图标，完成一个射掉一个。当孩子把代表睡前所有事项的"太阳"都射掉了，就表示睡前清单的事项全部完成，可以去睡觉了。

下图（图1-6）是解决孩子早起后拖拉磨蹭的晨起清单。晨起清单采用了绘本里的故事情节，用各种可视化的图标展示出来。家长只需照着它，跟孩子去玩这个游戏，就可以完成晨起后的各项任务。

这个是解决孩子早起后拖拉磨蹭的晨起清单，借用了绘本里的故事情节。在图1-6c中的动物图标上，添加图1-6d中的任务图标，形成图1-6b 晨起任务清单。早上执行时，每做完一件事情，就把黑白图标翻过来，变成背面的彩色图标。最后，所有动物完成涂色，彩色图标拼成一个绘本故事，就表示晨起清单的事项全部完成，可以去上学了。

采用孩子喜欢的游戏化清单，孩子会从一开始的"爸妈叫我去学习一个东西"变成"我想玩这个游戏"，玩到"爱不释手，根本停不下来"，最终在玩的过程当中，自然而然地养成好习惯。

图 1-6　游戏化儿童时间晨起清单

⏱ 定制孩子专属的时间管理系统

本书介绍的儿童游戏化时间管理系统，是一套基础的操作系统，为大家提供了一个总体框架和知识地图。这套系统不一定是最完美的，但是经过了3年10个版本的迭代，以及很多期训练营家长的反馈，效果还是非常好的。我们学习时间管理是为了让个人的工作和生活能够更好，而不是为了研究这个

技能本身。如果你的时间管理经验还不是很充足，建议你先按照这个系统，运行至少1~3个月，再融入新的时间管理方法。

本书提供了一整套时间管理的框架，它是个方法论，也是具体的技能。而技能的习得，光知道方法是没有用的，一定要化为行动。家长需要把这些方法和技能，应用在孩子学习和生活的具体场景中去进行实操。没有实操，就不会有实际的效果。在具体的操作过程中，请父母做好孩子的陪伴和亲子沟通。让孩子知道为什么要做时间管理，知道这是一个终身受用的技能，学好后能让自己做事情更有目标、更高效，然后有更多的时间可以做自己喜欢的事情。

学习时间管理的最终目的，是家长协助孩子建立适合自己的时间管理系统。父母和孩子了解了时间管理的整体系统和工具之间的逻辑关系，当遇到其他好的方法时，就可以根据实际情况，评估后添加到自己的时间管理系统框架里，进行迭代。系统中的每个具体工具，都可以根据需求，对适合自己的时间管理小技巧进行增减。就像是提供给你一套精装修的公寓，如果喜欢，可以直接拎包入住。当然，你也可以根据自己的实际情况进行局部装修。

这套系统中有很多清单和工具，在为孩子选择清单实操时，需要遵循以下原则：按年龄段选择，向下兼容，参照孩子的年龄分清主次，关注重点执行、建议执行、执行时注意的事项。希望在未来的日子，这套方法能够不断地为孩子赋能，让孩子更好地做好自己的时间管理，走好自己的人生路。

第2章

儿童宏观一日时间管理

在孩子的成长过程中，每天都有可能因为一些小事而爆发"家庭战争"，比如：

1.不起床

孩子早上不起床，第一次叫他，一动不动；第二次还是不动；可能直到第三次，他才懒洋洋地眯着眼睛，慢吞吞地、极不情愿地起床。

2.不吃饭

孩子吃饭时磨蹭，要提醒好几遍，他才慢慢悠悠地走到饭桌边，然后说这个不爱吃，那个不想吃，要不就是太苦了、太凉了、太硬了、太烂了……挑三拣四，怎么都不满意，要不就说"我不饿"，总之就是不想吃！

3.不写作业

孩子写作业时总是磨磨蹭蹭，一会儿吃东西，一会儿去小便，一会儿喝水，一会儿说铅笔粗了，一会儿又是橡皮、作业找不到了……总之，就是不乐意写作业！

4.不睡觉

睡觉时间到了，孩子要玩手机、想看电视，就是不想上床睡觉！

遇到以上这些情况，家长们可能会不停地提醒孩子，不停地唠叨。如果孩子不听话，家长们可能就爆发了，吼叫、警告、惩罚，有时"家庭战争"就这样拉开了序幕……

我们要知道，3~12岁的孩子，家长说得越多，孩子可能就听得越少，明明知道这样的方法是无效的，却一而再再而三地运用。可是，你有没有想过，这不仅仅浪费了孩子和家长的时间和精力，更严重的是，消耗了孩子和家长的感情。

管理学大师彼得·德鲁克曾经说过，人一生的行为，80%受习惯的控

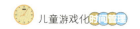

制。假如孩子从小养成了拖拉磨蹭的习惯，他未来的发展可能就是事倍功半。相反，孩子如果养成了时间管理的习惯，短期来看，学习、生活效率会大大地提升；长期来看，孩子将会终身受益，未来的孩子会感谢现在的你！

那具体该怎么办呢? 在这个年龄段中，管好一天特别重要，一天就是一个人一生的缩影。如何安排自己一天的生活，是非常重要的功课，也是儿童时间管理的核心基础。

在这个章节中，我将介绍两个工具——**"便签时间法"**和**"一日时间饼"**。前者是后者的基础，后者是前者的拓展。只需要通过这两个工具，家长就可以把一天的时间概念轻松地传递给孩子，让孩子轻松安排好他们一天的生活；过好一天，未来才能轻松应对人生中的每一天。

"便签时间法"
让孩子学会一日时间管理

想做好一天的时间管理，就需要为这一天做计划，接着参照计划去执行。其中有一个非常好用的工具，就是清单，而我们常见的传统意义上的清单可能不是很适合孩子。本节介绍一种"便签时间法一日清单"，孩子可以根据自己的意愿，亲手制作出属于自己的一日管理清单，这样的清单他也更愿意去照着执行。

本节主要围绕以下几个方面进行介绍：

1. 传统时间管理清单。

2. "便签时间法"。

3. 如何制作并使用"便签时间法"。

4. "便签时间法"的神奇之处。

5. 使用"便签时间法"的关键点。

在后面的部分，我会做小结，并通过践行作业的方式让家长们更好地掌握这个方法。然后，展示一些学员的作业供大家参考，最后是对常见问题的答疑。

⏰ 传统时间管理清单

对于孩子的时间管理，家长最能把控的时间是从放学到入睡前这段时间。

先来看看传统清单是如何管理这段时间的，图2-1是一份从孩子放学以后开始的晚间时间安排清单。

时间	事项
16:00	喝牛奶、洗脸
16:30	练架子鼓
17:00	玩玩具
18:00	吃晚饭
18:30	看电视
19:00	户外活动
19:30	学英语
20:00	睡前洗漱
20:30	学数学
21:00	学汉字
21:30	睡前故事

图2-1　传统时间管理清单

这张清单中密密麻麻地记录着各项任务，孩子愿不愿意按照这个清单去执行呢？以我们举办过的多期训练营经验来看，孩子通常是不愿意且没有动力去执行的。原因很简单，就是不好玩！特别是对于还不识字的孩子来说，他完全弄不懂这个清单里的内容是什么。

⏱ "便签时间法"

用"便签时间法"（图2-2）做出来的一日清单是什么样子的呢？

时间安排表

16:00	放学
16:30	喝牛奶、洗脸
17:00	练架子鼓
17:30	玩玩具
18:00	吃饭
18:30	看电视
19:00	户外活动
19:30	英语 ABC
20:00	睡前洗漱、拿衣服
20:30	数学、汉字
21:00	睡前故事
21:30	睡觉

图 2-2　"便签时间法"

上面这张图片是一位家长使用"便签时间法"做出来的清单（说明：原图是实拍图，文字手写，为了显示清晰，故改做了电子图）。

"便签时间法"用不同颜色的便签代表不同类型的事件。这张清单颜色丰富，活泼可爱，比较容易吸引小朋友注意，孩子天生对色彩敏感，这使他

们有动力照着去执行。制作便签的过程中，引导孩子主动参与，可以提高孩子的自主选择权，从小培养自我人生规划管理的能力。总之，用这个工具，可以帮助孩子轻松爱上时间管理。

🕐 如何制作并使用"便签时间法"

这样的一个便签，该怎么做呢？可不是照猫画虎那么简单，我们来详细拆解这里面的逻辑，只要照着做，家长就可以做出适合自家孩子的"便签时间法"一日清单了。

1. 三种颜色便签的含义

"便签时间法"最明显的特征，就是使用三种颜色的便利贴，来区分事情的性质。

这个方法源自日本作家斋藤孝，他针对红、蓝、绿这3种颜色，分别赋予不同的意义：在行程方面，红色代表"最重要待办事项"，蓝色代表"一般待办事项"，绿色代表"个人私事"。这样有助于为信息分类，易学又实用。我们把这个方法应用在"便签时间法"中，粉色代表"孩子自主选择的事情"，绿色代表"孩子必须要做的事情"，蓝色代表"父母希望孩子做的事情"。

粉色标签：代表孩子的自主时间，内容是孩子想做、喜欢做的事情。
除了前面两个部分以外，剩下的都是孩子的自主时间了。自主时间，可以留白，不写内容，也可以让孩子写上他平时喜欢做的事情，比如玩游戏、看电视等，年纪小的孩子就让他们用图画代替。

绿色便签：代表孩子必须要做的事情。比如：幼儿园阶段必做3件事——吃饭、运动、睡觉；小学阶段必做3件事——吃饭、写作业、睡觉。

　　蓝色便签：代表父母希望孩子做的事情。比如：练琴、练字、画画等兴趣和能力培养。我家孩子，数学、英语学习各半个小时，架子鼓练习半个小时。

2. 制作步骤

　　按照上面的思路和分类方法，家长可根据自己家孩子的情况，按以下步骤操作：

　　第一步，告知孩子哪些是必须要做的事（绿色）；

　　第二步，和孩子协商你想让孩子做的事（蓝色）；

　　第三步，让孩子畅想并记下他平时喜欢做的事情，让孩子可以有时间玩，能玩好（粉色）；

　　第四步，每半个小时只定一个任务；

　　第五步，让孩子安排顺序。

3. 特别提醒

　　对家庭教育关注的家长，一定听过"爱与自由、和善而坚定"这个教育理念。家长在制订计划的时候，要重视"爱与自由"。"爱"就是尊重孩子，比如让孩子自己先尝试安排事项顺序；"自由"就是允许孩子有自主时间，让他做一些自己喜欢的事。而在执行清单的时候，家长要重视"和善而坚定"，就是说家长在尊重孩子的基础上，协商制订的计划要尽量严格执行，孩子不可任性而为。如果做不到，家长也不许吼叫、惩罚，只需让孩子接受自然结果。

　　不仅是这个方法，本书中的所有方法，背后都有很多理论支撑，为了节约大家的时间和精力，就不过多赘述。根据之前学员反馈的成功经验，我的建议是，如果认同这个方法，可以试着用这个方法进行践行，只需要按部就班，就会有效果。先尝试从傍晚到入睡前这个时间段去执行，后面还有很多工具。

"便签时间法"的神奇之处

使用"便签时间法"到底有什么好处呢？

1. 让孩子有紧迫感，提升做事效率

比如，完成作业之后才能去玩，这个时候孩子就会产生紧迫感了，他可能会问：玩的时间怎么就剩这么点了呢？怎么才几个便签啊？而且孩子也会知道这个紧迫感是客观存在的，并不是父母强加给自己的。也许家长也尝试过给孩子讲明白"先写完作业才能去玩"这个道理，但是，执行起来非常难！相信家长也有过体验。现在用这种便利贴的方式，可视化程度高，孩子一下子就能直观地体验到。这样孩子会知道爸爸妈妈为什么要催促，也能理解爸爸妈妈之前说的话了，那么做事情的效率自然就会提升。

2. 便利贴方便随时调整

孩子最合适的事项顺序都是试出来的，所以在执行的过程中需要调整是常有的事，这时用便签就非常方便，而不用费时费力地重新制作。

3. 让孩子知道事情有轻重缓急之分

我们建议的优先级：必须要做的事（绿色便签）>我们希望孩子做的事（蓝色便签）>自主时间（粉色便签）。

有了颜色区分孩子就知道：要先做绿色便签上的事，然后有空再做蓝色便签上的事，最后可以做粉色便签上的事，轻重缓急一目了然！

⏱ 使用"便签时间法"的关键点

"便签时间法"很好用，但是在运用时，有三个地方要特别注意：使用便利贴、30分钟时段、有自主时间。

1. 要使用便利贴，而不是直接在纸上写

使用便利贴有以下几个原因：

（1）颜色丰富，孩子喜欢。

（2）主动参与。孩子可以在上面画画或贴上喜欢的贴纸，这都是为了让孩子参与到制作过程中来，让孩子后期更愿意执行自己制作的"便签时间表"。

（3）方便迭代。使用便签便于后续调整，以免反复制作浪费时间。

（4）可视化事项和时间之间的联系。一张便利贴尽量安排半小时的事项，这种形象化的方式便于孩子认知时间。这样能帮助他把"半小时"的抽象概念和一张张看得见、摸得着的便利贴联系起来，而每张便利贴又代表着相应的事项，时间久了孩子就能建立起事项和时间之间的联系。

2. 时间段为什么一定要30分钟?

（1）方便分段。

（2）25分钟专注时间加5分钟休息时间，刚好是一个番茄钟时间。从小培养孩子番茄钟的时间观念，以后用这个工具写作业时会非常专注。关于番茄钟我们会在后面课程中和大家做更深入的讲解，此处简单了解就好。

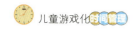

3.注意一定要给孩子自主时间

要记住，孩子最大的动力是玩好。如果不给孩子自主时间，这个时间管理很可能会遭到孩子的强烈抗议，再好的方法都会无法持续，这点非常重要！就像我们在职场工作，老板必须要支付薪水。如果我们马不停蹄地拼命干活，老板说："这个月薪水，咱们就不发了，好吗？"把自己放到这个场景中，我们就能理解孩子没有自主时间的心情了。

小结与践行作业

小结：
1. 如何制作并使用"便签时间法"？
2. "便签时间法"的神奇之处。
3. 使用"便签时间法"的关键点。

 作业：

1. 找一段亲子时间，践行"便签时间法"。

2. 写下来你们目前的时间安排，在这个过程中，思考有什么困难，记录下来。

3. 列出需要完成的事项，制作便签，可以朋友圈打卡分享，让自己看到成长的"脚印"，不仅增加了动力，也让孩子看到你的努力。

家长跟孩子一起动手完成这份作业，不仅和孩子一起享受了温馨的亲子时光，也开启了孩子的时间管理之路，所以行动起来吧！

⏱ 学员作业

下面来展示几组以往学员的作业，以及我们给出的建议。

学员作业1（图2-3）：忙碌之余，陪孩子做的事项清单，让孩子体会自律方能自由生活。

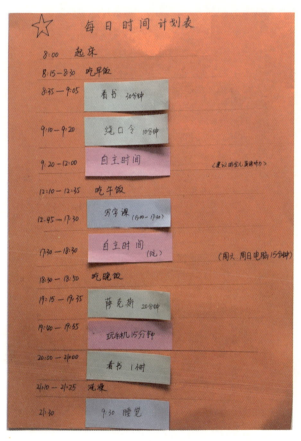

图 2-3　"便签时间法"（学员作业 1）

优点：这个清单做得非常清爽，看着很舒服。建议：① 9:20—12:00这个

时间段很长，后面写了"建议听会儿英语"可以和孩子协商，把"听会儿英语"单独用便签列出来，初期时间可以短一些；② 玩手机的这一项，一定要记住遵守时间约定。

学员作业2（图2-4）：让孩子加入进来，一起动手，他就特别有干劲！白天让他自己先计划一下，我回家后，他告诉我说，画表格时画错了。我们就一起重新画，一共画了4张，用便利贴的方式特别好，可以随意调整。绿色便利贴：一定要做的；黄色便利贴：我希望孩子做的；粉色便利贴：孩子自由安排的。

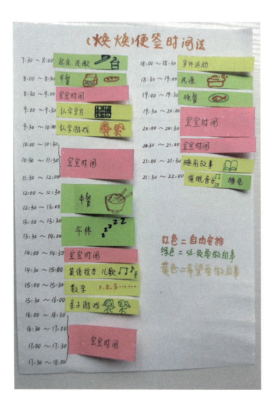

图2-4　"便签时间法"（学员作业2）

优点：这份暑假安排表，非常清晰、简单明了，可以看出这是一个很自律的孩子。

"一日时间饼"搞定孩子的拖拉磨蹭

如果家长用上一节的"便签时间法"对孩子的一天进行了安排，那么现在可以用"一日时间饼"来帮助孩子固化习惯。

本节主要围绕以下几个方面进行介绍：

1."一日时间饼"是什么？

2."一日时间饼"的作用；

3.如何制作好看又实用的"一日时间饼"。

"一日时间饼"是什么？

"一日时间饼"，是用可视化的方式安排一天事项。它是一个非常简单的圆饼图，像钟表一样，清晰地标明了一天24小时，每个时间段的安排，非常直观。家长和孩子一起设计制作属于孩子的"一日时间饼"，在充满乐趣的同时，也让孩子一天要做的事情变得一目了然。更重要的是，通过让孩子参与自己的时间管理，悄悄地在他们心里种下一颗小种子，将帮助他们过好每一天。

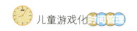

🕐 "一日时间饼"的作用

"一日时间饼"可视化程度非常高，是儿童时间管理中非常核心的部分。

在本书所有的清单中，"便签时间法"和"一日时间饼"是定位于孩子时间管理宏观层面的有效工具，可以帮助孩子进行一整天的时间规划。而后续的早起清单、睡前清单等，都是针对"一日时间饼"上的一个个时间段做的中观分解。

最后，还会让大家自己制作微观的时间管理清单，比如：洗手清单、吃饭清单、准备衣物清单等。像这样，把一件事情分解成一个个小行动的方法，叫作"行动清单"。读完本书，相信家长们都能设计出一套适合自家孩子的游戏化时间管理清单。

那么，"一日时间饼"对孩子到底有什么好处呢？

1. 认知时间

"一日时间饼"可以让孩子明白，自己做的每一件事都要消耗对应的时间。这对孩子认识时间有很大的帮助，因为只有当孩子把时间和他要做的每一件事联系起来，他们才会知道，如果前面的事情做得慢，就会影响后面事情的进度。

与课堂教学相比，用这种生活化的方式教孩子感知时间，会让孩子更容易理解和接受，也便于长期练习。比如：我们让孩子写作业，可是他总觉得时间多得是，急什么？先玩一会儿再写，又有什么关系呢？这是因为孩子的时间观念不强，他们"看不见"时间。有了这个"一日时间饼"，就可以帮助孩子"看见"时间，认识时间。

2. 建立关联

有的孩子动作很慢，往往要拖到很晚才睡觉，导致第二天早上起不来；睡眠时间不够，精神状态就不好，又导致上课不能专心听讲；上课没听懂，最终导致放学回家作业不会做，写作业拖拉……长此以往，进入恶性循环。但是孩子并不明白这些道理，因为他们没有把时间和要做的事情关联起来。通过"一日时间饼"可以直观地让孩子感受和体验时间与事情的关联，远胜过给孩子讲一堆道理，可以说是"一图胜千言"。

通过列出"一日时间饼"这样的宏观清单，可以帮助孩子从整个大局出发，全面了解时间这个抽象的概念。家长都希望，"一日时间饼"上的任务孩子都能自觉完成，但这是一个循序渐进的过程。刚开始，家长需要帮助孩子，比如：在孩子做某一科作业的时候，父母可以与孩子一起坐下来，共同讨论时间怎么分配更合适。

通过列清单，孩子已经有了自己的考虑了，虽然很多时候，他们还是会玩些"小把戏"，但已经不再拿以前常常挂在嘴边的"我忘了"来搪塞了。有时候，父母需要帮助孩子完成最后一道数学难题，这样他就能轻松愉快地下楼玩了，这是必要的激励措施。外部刺激在孩子完成自己最不喜欢、最不擅长的事情上是必不可少的。通过外部刺激，可以让孩子把对喜欢的活动的积极情绪转移到不喜欢的活动中，将积极情绪与不喜欢的活动结合在一起，从而帮助他们完成自己并不太喜欢的活动。

不仅是家庭作业，对任何任务来说，组织有序都是非常有用的，将准备要做的事情写下来，组织规划好，然后进行足够的练习，孩子就会感到自己能够更好地掌控一天的时间。接下来的执行过程就会成为一种习惯性行为，这种进行规划的习惯最终会成为自动化的行为。

3. 培养兴趣

本书中的清单为什么要采用这种手绘的形式呢？很简单，因为孩子喜欢，喜欢才可能主动去做，不喜欢很难执行！

给成人做时间管理培训的时候，我是不赞成使用这种方法的。因为对成人而言，这个方法太浪费时间，采用思维导图会更高效。现在帮助孩子做时间管理，我们需要尊重孩子的特点，爸爸妈妈也需要付出一些耐心，这个投资很有可能会带来惊喜的回报。

🕐 如何制作好看又实用的"一日时间饼"

我们刚开始做时间管理的时候，一般都会来回调整。这个时候，如果直接画"一日时间饼"，可能刚画完就发现不行，又得重新画一张，试试又不行，又得重画。这会严重消耗孩子的积极性和父母的耐心。

前一节中制作的"便签时间法"，这时候就派上用场了。可以把"便签时间法"作为草稿，时间安排相对固定之后，再做"一日时间饼"，这样心情会愉悦很多。

时间管理是一种投资行为，我们做事时，始终要考虑一个问题：怎么样在有效的时间内，得到更多的符合目标的产出？

参考图2-5，这是我们助教老师家大宝的"一日时间饼"成品图。

图 2-5　"一日时间饼"

2030关灯睡觉。次日7:00起床，大概每天能够保持10个小时的睡眠时间；

7:30出门，8:00到学校，开始一整天的学校生活；

16:30到家，16:30—17:30户外活动一个小时；

17:30—18:00吃晚餐；

18:00—18:30洗澡；

18:30—19:00看电视；

19:00—19:30室内活动；

19:30—20:00学习数学；

20:00—20:30绘本阅读，孩子入睡。

接下来具体讲讲画"一日时间饼"的几个步骤：

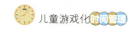

第1步：**分时间段**。根据孩子的实际情况，把一天24个小时分为几个时间段。

第2步：**填写事项**。写上这个时间段需要做的事情。

第3步：**添加图标**。可以添加孩子认识的、喜欢的简易图标。

第4步：**上色美化**。把这件事作为孩子和父母的亲子时光，丰富的色彩也会激发孩子参与的欲望。

小结与践行作业

小结：

1. "一日时间饼"能帮助孩子宏观把控一天的时间，让孩子更好地认知时间，把要做的事情和时间联系起来，可视化的饼图能有效激发孩子的兴趣。

2. 我们可以通过：分时间段→填写事项→添加图标→上色美化这四步完成"一日时间饼"。

3. 可以自由创建亲子"一日时间饼"，两娃"一日时间饼"，只需多加一个圈，就可以让家庭时间管理更有效。

作业：

制作自己家专属的"一日时间饼"。和孩子一起认真制作"一日时间饼"，这是学习时间管理前期最最重要的作业。

🕐 学员作业

学员作业1（图2-6）：外圈是家长的时间表，可旋转，增加了童趣，特点是能够让孩子一目了然。通过"一日时间饼"，孩子很明确什么事情是必须做的，也知道如果拖延就意味着玩的时间会被缩短，慢慢就有时间意识了。

图 2-6　"一日时间饼"（学员作业 1）

学员作业2（图2-7）：跟孩子一起制作"一日时间饼"，没有深刻的道理，只有有趣、好玩的游戏和有效的实操。在暑假期间，和孩子一起做起来。好玩的游戏时间，在享受欢乐亲子时光的同时，帮助孩子认识时钟，建立时间观念，明白在什么时间应该做什么事情并且去执行，我相信每个家长都需要。

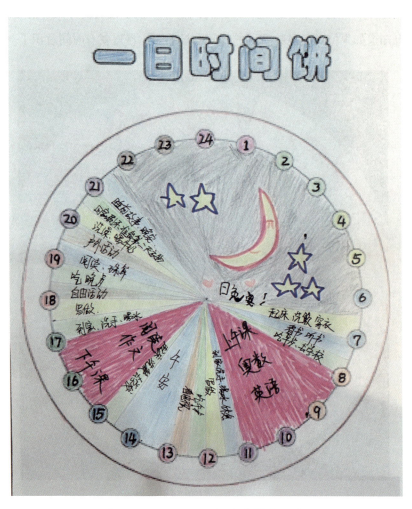

图 2-7 "一日时间饼"（学员作业 2）

学员作业3（图2-8）：小娃涂色涂得停不下来，大娃做到一半不愿意继续涂色，允许她们各自的喜好。通过亲自动手制作，孩子对自己的时间管理有了进一步的了解，值得！

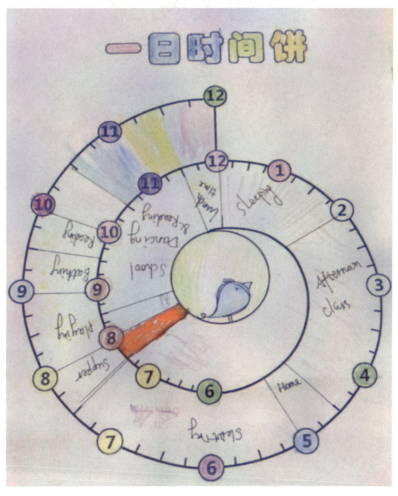

图 2-8　"一日时间饼"（学员作业 3）

学员作业4（图2-9）：很喜欢这张"一日时间饼"的色彩搭配，活泼可爱，生动有趣，可以帮助孩子养成按时做事的习惯。

图2-9 "一日时间饼"（学员作业4）

第3章

儿童中观时间段管理

根治拖拉——三招搞定起床难题

🕐 孩子起床难的三种状况

在养育孩子的过程中，最困扰父母的难题之一恐怕就是孩子起床困难了。我们都希望孩子早早起床，起床后轻松开启新一天，迅速做完上学前的所有事情，但是实际情况可能是：

（1）孩子喜欢赖床，闹钟响了几次，父母一催再催，但是怎么都不肯起床。

（2）孩子起床后，不是哭就是闹，各种发脾气，一点也不听话，让父母很头疼。

（3）孩子各种不配合，需要父母不停地催促提醒各项事务，一直磨磨蹭蹭，到最后时间仓促，匆匆忙忙去上学，很可能会丢三落四。

早上时间本来就非常紧张，家长还要花不少时间叫醒孩子，孩子好不容易起床，可是起来后还乱发脾气。长此以往，即使再有耐心的父母，可能都会有烦躁情绪，甚至爆发脾气，一旦没控制好，就要原地"爆炸"了。本节将针对这些问题，分别给出三个实用方法，助力家长轻松引导孩子告别赖床、发脾气、磨蹭三大难题。

⏰ 两大法宝，让孩子从呼呼大睡中愉快起床

孩子早上赖床有很多原因，比如睡眠时间不足，前一天睡得太晚，不想上学等。排除孩子睡眠不足这个根本原因外，还有一个很容易被忽视的原因——叫醒孩子的方法不正确。只要方法对了，就可以让孩子自动自觉地轻松起床，再也不用一催再催。

1.不要在孩子深睡眠时，强行叫醒

人的睡眠分几个阶段，分别是入睡（放弃意识）、轻度睡眠（类似打盹）、深度睡眠、进入梦境（快速眼动）阶段。而从睡眠中清醒过来，同样也有这样的阶段，从梦境中到深度睡眠，再到轻度睡眠，最后到睡醒。

人进入深度睡眠之后，是身体和大脑最好的休息时间。这时候如果被强行叫醒，会导致身体和心情都不舒服。父母可以设身处地地进入孩子的角色体会下，当我们把正在深度睡眠，甚至是梦境中的孩子叫醒时，孩子有多么不舒服，很容易会出现赖床的情况，或者即使勉强起床了，也会因为情绪不佳而发脾气。反之，如果孩子在轻度睡眠时被叫醒，孩子很有可能会非常愉快地配合起床。

叫醒孩子需要从深度睡眠甚至梦境中过渡到轻度睡眠，最好让孩子自然苏醒后再起床。如果不遵循睡眠规律，在孩子还处于深度睡眠的状态下，强行叫醒，大人和孩子都会很痛苦。

2.两大法宝，助力孩子循序渐进慢慢苏醒

如果孩子正处在深度睡眠阶段，我们一定要给孩子时间，让他自然过渡，慢慢苏醒。这里介绍两种非常简单实用的方法：光线唤醒法和声音唤醒法。

（1）光线唤醒法。科学研究表明，光线可以唤醒大脑，帮助人们从沉睡中苏醒。清晨，家长可以先把卧室的窗帘拉开，让温暖的阳光洒进房间，让孩子逐渐感受到周围环境的变化，让大自然的规律帮助孩子从深睡眠中逐步醒来。

（2）声音唤醒法。孩子对喜欢的声音都会比较敏感，所以还可以用声音来唤醒孩子。播放孩子喜欢的动画片主题曲或者孩子喜欢的其他音乐，也可以是孩子喜欢听的故事。如果你想让孩子7点钟起床，那么音频可以在6:50甚至6:30就开始播放，利用提前的时间，帮助孩子从深睡眠过渡到浅睡眠，直到完全苏醒。

提前10分钟到半小时拉开窗帘、播放音频，有的父母会担心因此减少了孩子的睡眠时间，其实大可不必担心。

首先，播放音频的时间，其实是你以前用各种催促、吼叫的方式叫醒孩子的时间，时间长度并没有改变。但是，家长和孩子却因为叫醒方式的改变，而让亲子关系变得更加融洽了。

其次，播放音乐时，孩子的大脑会接受声波的刺激，可以帮助孩子的脑细胞活跃起来，加快大脑清醒，从而带动孩子起床。孩子起床之后，也不必急着中断播放音乐或者故事，孩子可以一边穿衣服或洗漱一边听，相信孩子会非常享受每天早上的起床时光。

这样的叫醒方式，既可以稳定孩子的情绪，又能够使孩子有序地把剩下的事情快速完成。相信孩子一定会爱上这种叫醒方式，起床后也会动力十足。

我在培养孩子早晨叫醒习惯的时候，每天早上都会播放孩子最喜欢的动画片《宇宙星神》的主题曲。因为音乐比较燃，孩子一听就精神了，很开心地就起床了。等孩子起床之后，我会再花几分钟和他玩扮演动画角色的游戏，孩子的情绪会非常好，配合度也很高。最重要的是，这个过程可以培养良好的亲子关系。众所周知，亲子关系是所有家庭教育的基石。

3. 使用时的注意事项

（1）每天叫醒需要预留足够的时间。让孩子有时间从深度睡眠过渡到轻度睡眠，再慢慢苏醒，一般需要预留5~10分钟，赖床严重的孩子则需要预留半小时。

（2）选择孩子喜欢的音频。并不是什么音频都能叫醒孩子，无论是音频故事还是动画片歌曲，都一定要根据孩子的喜好进行挑选，这样才会对他们有吸引力。

（3）别忘了拉开窗帘，让自然光照进房间。遇到天气好的时候，让阳光洒满房间，孩子被晒得暖洋洋的，从香甜的梦中醒来，一早就动力满满，开启美好的一天。

做好精力管理，孩子起床不发脾气

1. 孩子不愿早起的关键因素——睡得晚，没睡够

很多妈妈说，孩子要么早上不肯起床，要么起床后特别容易发脾气。孩子不肯起床，深层次的原因是什么呢？其实，这跟很多成年人不能早起的原因是一样的——晚睡。

人在睡眠不足的时候，精力就会不足，就像电池没有充满电一样。这个时候若要起床，只能靠强大的意志力来支撑了。可是，孩子的心智发育还不成熟，没有强大的意志力，很难做到主动起床。所以当孩子睡眠时间不够时，自然很难起床，即便勉强起床了，也容易情绪不稳定、乱发脾气。

这里跟大家分享一个关键词：精力管理。好的精力就像充满电的蓄电池一样，可以在一段时间内为孩子的活动提供充分的动力支持，为孩子高效做事保驾护航。所以，要做好时间管理，必须要重视精力管理。

2.终极秘诀——早睡，保障睡眠时长

精力可以分为体能精力和精神精力。其中，体能精力是基础中的基础，而影响体能精力的最重要的3个因素分别是睡眠、饮食和运动。这3个因素中，对于孩子来说睡眠又是第一位的。

那么，什么样的睡眠才叫"睡得好"呢？睡眠的时间长度是一个非常重要的指标。

下面这张图（图3-1），是不同年龄段孩子睡眠时长的参考标准图。你可以对照看看，你的孩子睡够了吗？根据业内研究报告显示，我国的青少年儿童，睡眠不足的比例占到80%。你的孩子每天的睡眠时间是几个小时？是在80%睡眠不足的行列中，还是在20%睡眠充足的行列中呢？

美国国家睡眠基金会：睡眠时长标准		
年龄	推荐	不推荐
新生儿（0~3个月）	14~17小时	不足11小时 超过19小时
婴儿（4~11个月）	12~15小时	不足10小时 超过18小时
幼童（1~2岁）	11~14小时	不足9小时 超过16小时
学龄前儿童（3~5岁）	10~13小时	不足8小时 超过14小时
学龄儿童（6~13岁）	9~11小时	不足7小时 超过12小时
青少年（14~17岁）	8~10小时	不足7小时 超过11小时
青年人（18~25岁）	7~9小时	不足6小时 超过11小时
成年人（26~64岁）	7~9小时	不足6小时 超过10小时

图 3-1　每个年龄段的孩子睡眠时长参考标准

3. 早睡——生长激素分泌多，孩子长得高

生长激素是一种能够促进身体长高的激素，孩子一般在深度睡眠的时候，脑垂体才会分泌大量的生长激素。也就是说，孩子没有处于深度睡眠状态，导致生长激素分泌不足，最终会影响孩子长高。孩子的脑垂体分泌生长激素，一天中有两个高峰时间段，分别是21点到1点钟，5点钟到7点钟。在这两个时间段，最好让孩子处于深度睡眠状态，特别是0~8岁的孩子。

假如你的孩子是22:00才上床睡觉，从入睡到进入深度睡眠，大概需要一个小时。那么孩子每天晚上的生长激素分泌高峰期就只有23:00—1:00这两个小时了，比起那些能够21:00就睡觉的孩子就少了一个小时。假如你的孩子还需要早起赶校车，可能6:00就要起床准备，那么你的孩子比那些不需要早起的孩子又少了一个小时生长激素的分泌时间。

这样，你的孩子可能会比其他孩子每天少了两个小时吸收生长激素的时间。就算除去孩子的假期，不用每天早起，一年下来，孩子也少了300多个小时吸收生长激素的时间。这个差距算起来还是非常大的，但是对孩子早睡的问题很多父母的重视度还不够。

孩子一年缺少的那300多个小时睡眠时间，还有可能会导致孩子记忆力不佳、注意力不集中、情绪糟糕等情况。家长只需留心观察，就会很容易发现，当孩子休息好了的时候，起床时的心情就会明显舒畅很多；当孩子没睡够的时候，就容易情绪波动，乱发脾气，这就是我们俗称的"起床气"。

4. 提高孩子做作业效率

前面画了时间饼的父母们，可以对照一下孩子的时间饼图，如果你的孩子在时间饼图上写的是21:00入睡，是不是孩子起床问题会相对少一些呢？

有的妈妈可能会说："我们没办法，孩子的作业实在太多了！要做的事情也很多，孩子写作业就要写到晚上11点。"那么到底是写作业重要还是孩子身体重要呢？很多时候取决于父母的价值取向，没有绝对的对错。孩子作业多是事实，那有没有办法提升写作业的效率呢？当然有，我在后面的篇章中会提及高效完成作业的方法。

⏰ 游戏化晨起清单，让孩子起床做事不拖拉

前面解决了孩子起床难的问题，那么，是不是孩子起床速度快了，就表示他能快速地刷牙、洗脸、穿衣服、吃饭，然后愉快地去上学呢？有一部分孩子是能做到的，但是大部分孩子却是在父母不停地催促下，才磨磨蹭蹭地去完成这些事情。

有没有什么办法，能让孩子起床之后就快速地把事情做完，而不是父母每天都要"夺命连环催"呢？接下来就要帮助家长解决这个问题，要让孩子起床后就能快速行动，需要给孩子使用晨起清单。

1. 传统清单孩子很难用起来

一说到"清单"，你的脑海里是不是会想到，在一个表格上，严格定义每天的每个时间段，应该要做哪些事情？

时间	星期一 7月31日	星期二 8月1日	星期三 8月2日	星期四 8月3日	星期五 8月4日	星期六 8月5日	星期日 8月6日	任务清单
04时								
05时								
06时								
07时								
08时								
09时								
10时								
11时								
12时								
13时								
14时								
15时								
16时								
17时								
18时								
19时								
20时								
21时								
22时								
23时								
24时								

图 3-2　传统清单

　　比如上面这张一周时间表（图3-2），你看了之后，第一印象是什么？你想不想用这种方式去安排一周的时间呢？

　　理论上，按照这个表格，按部就班地去执行，是非常聚焦且高效的。相信学习过时间管理的人都会这样做。但是，事实并不是这样，我们之前做了很多期时间管理训练营，我自己也做了多年的时间管理实践，得出的结论是：按照这个方法，大部分成年人坚持不了一个月。因为它太逆人性了、太不好玩了！所以，大部分人对清单的印象不太好，甚至心存畏惧。试问，连成人都做不到的事，如何去要求孩子能做到？

　　其实，清单确实是个好工具。但关键是，我们要思考，什么样的清单，才能让人愿意去使用？尤其对于孩子来说，"好玩"是最主要的需求。所以，要把清单变成一个好玩的游戏，让孩子在玩的过程中，就能顺利地把事情做完。

就像前面章节里讲到的"便签时间法"和"一日时间饼"的方法，一定要让孩子参与涂颜色、插图画、画符号等，其实对孩子来说，就是在参与一个游戏。

本书的这套儿童时间管理方法非常在意游戏化和趣味性，一切不能吸引孩子注意力的高效时间管理方法，对于低龄儿童来说，都是无效的，甚至是浪费时间和精力的。

2. 游戏化清单，让孩子轻松高效做事

为了解决孩子起床后高效做事的难题，我们设计了下面这个晨起清单（图3-3）。

这个晨起清单采用了游戏化的方式，帮助孩子轻松愉悦地把必须做的事情做完，并且孩子每次做完之后，就能得到一个及时的反馈。对孩子来说，会获得一种巨大的成就感。孩子的行动力，在这种游戏化的过程当中能得到快速提升。

a　完成事项前

b　完成事项后

图 3-3　晨起清单

这个清单里融入了一个非常有名的绘本故事——《棕熊，棕熊，你看见了什么？》（*Brown Bear*，*Brown Bear*，*What do you see?*）。这是美国孩子成长过程中必读的一本书。相信接触过英语启蒙的家长和孩子，也一定读过这本书，听过这个童谣。

整本书句型整齐，读起来朗朗上口，内容可爱。家长以前可能会用这本书教孩子颜色、动物、韵律感。现在我们还可以借助这本书做儿童时间管理。

这个绘本故事大意是这样的：

棕熊，棕熊，你看见了什么？我看见了一只红鸟在看我。

红鸟，红鸟，你看见了什么？我看见了一只黄鸭在看我。

黄鸭，黄鸭，你看见了什么？我看见了一匹蓝马在看我。

蓝马，蓝马，你看见了什么？我看见一只绿青蛙在看我。

绿青蛙，绿青蛙，你看见了什么？我看见一只紫猫在看我。

紫猫，紫猫，你看见了什么？我看见一只白狗在看我。

白狗，白狗，你看见了什么？我看见一只黑羊在看我。

黑羊，黑羊，你看见了什么？我看见一条金鱼在看我。

金鱼，金鱼，你看见了什么？我看见一位老师在看我。

老师，老师，你看见了什么？我看见一群孩子在看我。

孩子们，孩子们，你们看见了什么？我们看见一头棕熊、一只红鸟、一只黄鸭、一匹蓝马、一只绿青蛙、一只紫猫、一只白狗、一只黑羊、一条金鱼和一位老师在看我们。

我们可以把孩子早晨要做的每个事项，与故事中的每个主角一一对应起来，分别贴在软磁铁的正反面。每当孩子完成一个事项，就和孩子唱出上面的歌谣。完成所有事项后，歌谣也就唱完了。注意：如果孩子早上要完成的事项的数目不是10个，可以自行增加或减少故事中主角的数目，灵活应用即可。

3. 如何制作出孩子喜欢的游戏化清单？

准备工具：A4白纸1张、不干胶1张、水彩笔、软磁铁片16片、剪刀、双面胶、透明胶等做手工的工具。

制作步骤：

第一步，用不干胶纸（有黏性的贴纸）打印图标，用A4白纸打印模板中的背景页面；

第二步，软磁铁片贴上《棕熊，棕熊，你看见了什么？》中的动物主角。每种动物代表一件孩子起床之后必须要做的事情，如刷牙、洗脸、穿衣服、叠被子，等等；

第三步，另一些软磁铁片贴上晨起常见事项；

第四步，把步骤二和步骤三中的软磁铁片一一对应贴起来，软磁铁片是

单面有磁力的，需要把两片软磁铁片没有磁力的一面粘在一起；

第五步，软磁铁片粘贴的过程中需要不断旋转，来找到磁性最大的方向。因为磁铁是南北极的磁力最强，所以只有调整好方向，才能保证软磁铁片的吸力是最强的；

第六步，给动物和图标上色，用双面胶贴在软磁铁上，晨起清单就做好了。

建议打印黑白的图标，留给孩子和家长动手上色。

清单是释放孩子大脑的工具，我们的大脑应该更多地用来思考，而非记忆这些琐碎的待办事项。通过长期使用这个清单，可以帮助孩子把要做的事情内化成习惯，家长们一定要好好使用这个清单。

4. 使用时的注意事项

这个清单看起来好像挺简单的，但是，实际操作中你会发现，想让它顺利进行，还是有些挑战的。

我之前和孩子一起做晨起清单的时候，他坚持早上起来后，一定要在客厅玩10分钟玩具，然后再去刷牙、洗脸、吃早饭。其实，我的内心是不同意的："早上时间这么紧张，还要玩玩具？什么时候不能玩，偏要这个时候玩！"不过，虽然这么想，但我并没有和孩子争论。先接纳，按他的想法试试看。

到了第二天，孩子早上玩玩具的时候，奶奶就开始不停地念叨了："粥要冷了！""怎么还不去刷牙啊？""要迟到了！"来来回回重复好几遍，实在看不下去的时候奶奶还过去打断他玩玩具。如果是平时，我会去和奶奶沟通，但是，这次我故意没有这样做。后来，孩子估计经受不了这样的"轰炸"，带着抵触的情绪去洗漱了。因为抵触，洗漱的时候就开始拖延了，东摸摸西摸摸，原来3分钟就能搞定的事情，这回10分钟过去了还没有完成。

事后我问他："你今天早上的心情怎么样？"他闷头不说话，从表情里可以看得出，他非常不开心。我接着说："爸爸现在要出门上班了。不过，等晚上回家的时候，我会带回来一个魔法，让你早上能开心地完成所有的事情，而且还可以玩玩具。"

其实这个魔法，就是前面提到的晨起清单。晚上我们一起调整了晨起清单的顺序，在洗漱之后加入了10分钟的弹性时间，用来自由活动。

刚开始，孩子为了能够玩玩具，就会很快地起床洗漱。后来，我们又把玩玩具的时间改在了放学后，并从10分钟增加到半小时，孩子非常乐于接受这样的安排。

所以，当孩子执行不下去的时候，家长一定要细心观察孩子，看看他在哪个节点出现了问题。并和孩子好好沟通，出现了什么问题，再想办法解决这些问题，孩子就能很好地执行清单了。

⏱ 小结与践行作业

小结：本节介绍了帮助孩子轻松起床的三个重要方法。

1. 使用播放音频、故事的方式，让孩子从深度睡眠中慢慢清醒。

2. 让孩子晚上准时上床睡觉，是让孩子轻松起床的基础。

3. 运用有趣好玩的游戏化清单，帮助孩子快速完成起床之后的任务。

当家长能够熟练运用这三个方法之后，孩子起床的速度就会加倍提升，爸爸妈妈不再需要和孩子就起床的问题不停"战斗"了！

作业：

协助孩子一起制作晨起清单，用它为孩子开启美好的一天。

◷ 学员作业

学员作业1（图3-4）：孩子特别喜欢《棕熊，棕熊，你看见了什么？》的故事，马上就动手做起来了。制作过程中，他几次提到手太累，主动请求我帮忙。对他来说，工作量有点大，但是，在我的鼓励下，他还是坚持做完了。这些都是他自己做的，孩子成就感满满。

图3-4　儿童时间管理晨起清单（学员作业1）

学员作业2（图3-5）：亲子时光比什么都重要，忙碌了一天，终于有空和孩子一起完成作业，宝贝一直夸奖我，"妈妈真棒"。其实我想对孩子说："宝贝，你才是最棒的！"做完手工后，孩子还主动要求收拾桌面，越来越主动和懂事。

图3-5　儿童时间管理晨起清单（学员作业2）

学员作业3（图3-6）：练习强化时间概念之后，孩子就像一个小大人，做什么事情都会看时钟，还主动问时间够不够，他担心因为自己的拖延，玩的时间被压缩，有时候危机感是好事。开始做早起清单，他最喜欢《超级飞侠》了，请超级飞侠帮忙，偶像们的作用超大，轻松搞定孩子的起床拖拉。

图3-6　儿童时间管理晨起清单（学员作业3）

孩子晚上不肯睡，就差一张好玩的清单

前面讲到了早起的终极秘诀——早睡。睡眠充足的孩子，早上自然能自己起床。下面，我们将围绕"如何让孩子早睡"这个话题展开阐述。

前面，介绍了游戏化早起清单，相信你还有印象。我们还可以把好玩有趣的游戏化清单，用到解决孩子晚上不肯早睡的问题上，并且会详细介绍"游戏化睡前清单"的制作方法，建议家长和孩子一起动手制作，通过轻松有趣的游戏，让孩子逐渐养成早睡的习惯。对于已经习惯晚睡的孩子，本节还将介绍一个有效的工具——"成长树打卡"，助力家长引导孩子提前入睡。

🕐 为什么要用游戏化清单？

也许你会觉得，孩子早上起床、晚上睡觉，一共就那么几件事，有必要做清单吗？

我的回答是：有，非常有必要！

1. 不做清单的三大坏处

（1）引起反感。家长不用清单的时候，是如何让孩子去做事情的呢？

大多数家长会用嘴巴去催促孩子，但是你会发现，越催促孩子，孩子会越反感，甚至会用消极的行为对抗你，比如：做事心不在焉、拖拉磨蹭等。

（2）不利成长。孩子如果总是靠父母催促才行动，会非常不利于他们的成长。因为孩子会觉得：我是在为父母做这件事，是爸爸妈妈"要我做"，而不是"我要做"。这样的想法，会让孩子的行为，缺乏内在驱动力，对他们的成长非常不利。

（3）会有遗漏。不使用清单，经常会出现这样的情况：孩子要么忘记，要么每次都要耗费大量脑细胞努力回忆，有哪些事情需要完成，但结果往往还会丢三落四。遇到这种情况，家长一定很不满意，所以，经常出现的画面就是，孩子在前面做，大人在后面催："今天的作业做完了吗？""洗澡了吗？""上床了怎么没有刷牙啊？"其实，别说孩子会有遗漏，我们大人也经常会忘记一些事情，因为我们的大脑最不善于记忆这种琐碎、无规律的事情。

2.一个大脑记忆游戏

我们一起来做个记忆游戏，可以让你了解大脑的记忆特征，了解注意力的珍贵。

游戏规则：下面列出几种动物的名称，你看10秒钟，然后合上书，按照动物个头从大到小进行排序。

游戏①：熊猫、刺猬、大象、蚂蚁。

游戏②：青蛙、狗、蚂蚁、鸡、狮子、大象、蜗牛。

在游戏①中，你可能很轻松地就能在脑子里形成答案，大象>熊猫>刺猬>蚂蚁。但是在游戏②中，变成了7种动物，你还能迅速排列出它们从大到小的顺序吗？是不是很想先写下来，再排列顺序呢？

做完这个游戏，你会发现，当动物数量只有4种时，我们能轻松地排好大小顺序。而当动物数量变成7种，我们就很难记住全部，更别说还要排序了。

不过不用紧张，这只是一个小小的测试而已！我们来看看这个游戏背后的问题。

首先，大部分人是记不住游戏②中7种动物的。因为我们大脑的工作记忆是7±2个单位，也就是说记住5个或许还可以，但是超过9个就会吃力。

其次，由此我们想到，小朋友也难记住。仅仅7种动物比大小，我们都记不住，而孩子睡前要做的事情很有可能要多于7件，并且这些事情和比较动物大小相比，有可能更为复杂。我们大人都很难完全记住，怎么能要求小朋友一件不落、有条不紊地完成呢？

再次，既然记不住，就不要消耗注意力去管理。"注意力"是一种非常珍贵且稀缺的资源。即使孩子能记住诸多琐碎的事情，我认为也没有必要把注意力用在这上面。在做成人的时间管理培训时，我们也反复强调：人的大脑主要是用来思考的，记忆的注意力应该留给那些非常重要的信息和知识。

最后，针对大脑的这个特征，我们应该释放孩子的大脑。可以使用一个非常实用的工具——清单，并且为了吸引孩子，这个清单还需要设计得既简单又好玩，最好是游戏化的、具有场景感的清单。

3. 游戏化清单，是帮助孩子建立规则的好工具

在一个既有代入感又有游戏化的场景里，孩子是很愿意配合执行的。使用清单帮忙，孩子只要通过一段时间的反复练习，就能潜移默化地帮助他们形成做事的习惯。

当孩子在某个方面形成习惯之后，我们就不需要使用这份清单了，再继续养成下一个习惯，执行下一个习惯清单。比如，我们使用睡前清单帮助孩子形成睡前的好习惯，当经过一段时间的练习之后，孩子已经能非常熟练地完成睡前要做的所有事情了，那么这份清单就不需要使用了，接下来，可以培养孩子其他的习惯，例如专心写作业的习惯。清单是帮助我们释放大脑内存的工具，让大脑有更多空间去思考而不是记忆。

父母养育孩子，要靠完整的系统和科学的方法，而不是凭经验或者感觉。本节介绍的清单，就是这样的系统和方法，它也是帮助孩子建立规则的好工具。

在国外，清单是孩子在幼儿园时期就要学习和掌握的工具，这里推荐一部动画片《科学小子席德》，里面有很多科学的方法和工具，非常适合幼儿园以及小学低年级的小朋友学习。

4.使用游戏化睡前清单，让孩子准时上床睡觉

想让孩子准时上床睡觉，就得让孩子睡前的准备工作快起来，这样才不会耽误入睡的时间，这里要用到一个神器——睡前清单！

下面这张图（图3-7）就是游戏化睡前清单的成品。这个清单融入了《后羿射日》这个民间故事，使得清单具有了场景，并且可以当作游戏来玩。家长可以给孩子讲讲《后羿射日》的故事，相信会使孩子执行起清单来更有乐趣。

图 3-7　儿童时间管理睡前清单

下面让我们来看看这个睡前清单的使用方法（图3-8）。

第一步，准备好孩子睡前要做的事情清单。

第二步，让孩子开始执行清单上要做的事情，每做完一件事，就可以射落一个太阳，把太阳从天上移下来。

第三步，当孩子把除"睡觉"图标的太阳全都射落的时候，则表示任务完成，睡前该做的所有事情都做好了，就可以安心入睡了。

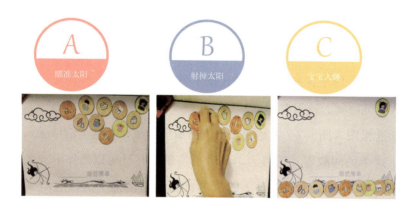

图 3-8　儿童时间管理睡前清单使用方法

通过使用睡前清单，使孩子在玩的过程中，不知不觉就把清单上的事项完成了。家长需要鼓励孩子反复执行睡前清单，直到行为内化成习惯，以后就可以少操心了。

🕐 游戏化睡前清单的制作方法

前面介绍了游戏化睡前清单的好处和作用，那么如此好用的工具，究竟如何制作呢？以下是制作步骤的说明，建议家长和孩子一起制作，也是非常不错的亲子活动。

1. 沟通协商，列出所有事项

沟通协商，在充分尊重孩子的前提下，和孩子一起列出睡前要做的事项。每件事情都由一系列的行动组成，制作清单的第一步，就是列出执行的步骤。

首先，拿出一张白纸，和孩子一起进行一场头脑风暴，想一想，睡前都需要做哪些事情。其次，把我们和孩子的提议全部记录下来，无论提议是否合理，是否可行，都不要相互点评，如实全部记录即可。最后，和孩子讨论，哪些是必须要做的，由孩子自己来选择。这是家长尊重孩子的表现，当孩子在被尊重的状态下，会更愿意发挥自己的想象力，并且会更愿意去执行。

有的家长可能会问：当孩子提出不合理甚至行不通的建议时，该怎么办呢？说个我自己的小案例，之前我和孩子一起制作早起清单的时候，那段时间他对机器人特别着迷，所以，他一定要把自己早上穿衣服的时间定为1分钟，理由是"机器人都应该是很快速的，我要做个很厉害的机器人"。可是那时候是冬天，衣服穿的比较多，1分钟穿好衣服显然不太现实。当时我的做法是先尊重孩子的决定，然后我们约定第二天试试看。如果孩子能够按时完成，当然非常好，但如果不能按时完成，我们要分析是哪一个步骤出现了问题，及时进行调整。只要没有太大的伤害，我们都不应该剥夺孩子体验错误的机会，这也是他们珍贵的成长机会。

2. 确定优先级，对睡前所有事项排序

前面讲晨起清单的章节，我们介绍了和孩子协商晨起清单顺序的相关问题。同样，睡前清单也是一样的方法，具体可以参照前面一个章节的清单使用注意事项。

排序是非常必要的，建议家长和孩子一起协商要做的事情的顺序，可以观察和回忆平时生活中这些事项的先后顺序，如果觉得不合适，可以跟孩子商量调整。建议制定好需要做的事情的顺序，就要严格按计划执行，这样不

但帮助孩子养成好习惯，还可以锻炼孩子的时间管理能力，以及做事情的条理性。

3.明确每个事项的完成标准

对于每个要做的事项，我们都需要进一步具体细化并明确标准，是定时完成还是定量完成。

（1）定时完成。写清单是为了帮助孩子提升效率，所以最好设置时间限制，可以帮助孩子更容易达成目标。时间设定的标准是，孩子通过努力刚好能达成，踮起脚尖能够着的感觉。如果太简单了，孩子很快就会失去兴趣；而如果太难做不到，孩子又会没有成就感，容易放弃。在定好计划之后，可以让孩子预演一遍，家长可以通过提前演练发现问题，及时解决，这样效果会更好。

（2）定量完成。定量是结果导向的具体标准。比如，每天晚上我会给孩子讲绘本故事，我们就在清单上规定讲两本书：一本是幼小衔接的桥梁书，一本是孩子自己选的绘本。这样不管是爸爸妈妈，还是家里其他成员给孩子讲故事，都知道要讲两本书。只要统一标准，形成习惯之后，孩子就很乐于接受了，一般不会出现耍赖非要多讲一本的情况。

4.制作游戏化睡前清单

接下来，我们来介绍睡前清单的具体制作流程。

材料准备：A4白纸一张、水彩笔一盒、圆形软磁铁片10片，其他包括剪刀、双面胶、透明胶等做手工的工具。

制作步骤：

第一步，用A4纸打印图标。

第二步，软磁铁有颜色的一面贴上准备的睡前事项图标。

第三步，给事项图标上色，背景可以涂成橙色表示"太阳"。

第四步，和孩子一起排列事项的顺序。

有的孩子很有创意，能画出自己的风格，或设计出不一样的清单，这是非常棒的，非常有创意的，家长可以鼓励孩子创作。

"成长树打卡"，挽救习惯晚睡的孩子

1. 孩子长期晚睡

现代生活节奏比较快，我们这一代包括更年轻的家长们，都习惯了晚睡，经常到夜里11点才睡觉，孩子也跟着我们的作息，睡得越来越晚。如果孩子从小没有养成一个早睡的习惯，怎么办呢？

有的父母意识到早睡的重要性之后，可能会强制孩子21点前睡觉。但是，实际践行起来难度很大。对于已经养成晚睡习惯的孩子来说，就是他已经躺在床上，可能一会儿要看书，一会儿要讲故事，一会儿要玩玩具，甚至在床上蹦来蹦去，直到把精力全部消耗完，才会真正去睡。这样的话，父母也会身心俱疲。

有没有什么办法能让孩子自动自觉提前上床睡觉呢？首先，是有的，这个问题是可以解决的。但是，习惯的养成是长期的过程，去改变一个坏习惯，养成一个好习惯，需要更长的过程，父母一定要有耐心。本节就介绍一种非常有效的方法，父母只需要引导孩子打卡，就可以帮助孩子慢慢养成好习惯，它就是我们经常看到的"成长树打卡"。

2. "成长树打卡"

"成长树打卡"（图3-9）是一种非常有趣的小游戏。通过孩子每天的努力和打卡，一段时间之后，原本光秃秃的小树就可以变成一张非常漂亮的手

指印树了。并且这里还有个美好的寓意：只要你努力，就可以让自己的成长树绿叶成荫、硕果累累。它可以记录孩子成长路上的每一点进步，每一个点滴。通过"成长树打卡"，可以让孩子在每一次努力之后，都能立即收到一个正反馈，引导孩子继续正确的行为，习惯越来越好。坚持下来，可以成为家庭中一道亮丽的风景哦！

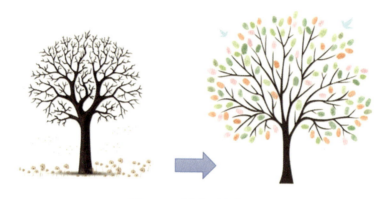

图 3-9   "成长树打卡"

3. 制作并使用"成长树打卡"

"成长树打卡"要怎么使用呢？只需要准备好"成长树打卡"图片，接下来是非常简单的3步：和孩子商议每天提前10分钟上床睡觉；做到后，就在成长树上按下自己的手指印；成长树形成的过程中，孩子的好习惯也养成了。

第一步，和孩子商议，每天提前3~5分钟上床睡觉。如果孩子目前入睡的时间比较晚，比如要到23:00才能上床睡觉，家长们千万不要要求孩子突然间太早入睡，比如按照你的期望21:00就睡，这样特别容易引起孩子的反抗情绪。我们只需要与孩子商量，试试看每天提前3~5分钟上床睡觉。只提前3~5分钟，对于孩子来说不会觉得有难度，他们很容易答应，并且非常愿意配合。

第二步，做到后，让孩子在成长树上按下自己的手指印。执行阶段：每天都比前一天提前3~5分钟上床睡觉，如果做到了，就在成长树上按手指印儿，用这种方式作为奖励，鼓励孩子提前睡觉。具体操作如下：

第一天，只要做到比前一天提前3~5分钟上床睡觉，就可以在成长树上按2个手指印儿。这个时候，孩子的睡觉时间就提前到22:55了。

第二天，如果比前一天再提前3~5分钟上床睡觉，也可以在成长树上按2个手指印儿。这个时候，孩子的睡觉时间就提前到了22:50了。之后持续做下去，家长协助孩子看到每天的进步，并进行鼓励。

注意：为了保护孩子的积极性，如果某天入睡时间和前一天一样，孩子也可以在成长树上按1个手指印。这个时候，孩子就会根据自己的意愿，自主选择要2个还是1个手指印。不管选哪种，家长都要给孩子鼓励和肯定。

第三步，成长树形成的过程中，孩子的好习惯自然而然就养成了。经过孩子一段时间的努力之后，原本光秃秃的小树就变成了一棵枝繁叶茂、漂亮的手指印树了。按照我们以往开展训练营的经验，大概通过20天的时间，孩子就可以轻松提前到21:00入睡了。因为在孩子每天努力按手指印儿的过程中，不知不觉就培养了早睡的习惯。相比家长们的催促，相信孩子会更喜欢这种有趣又有效的方式。

4. 需要准备的工具

"成长树打卡"的活动过程中，会用到彩色印泥，家长可以在附近的文具店或者网上购买。如果在网上购买，搜索"手指画印泥"，就可以找到，通常四五种色彩就够了。如果不想买印泥，可以用水彩笔来替代，直接用水彩笔涂在手指上也是可以的。

🕐 注意事项

希望孩子养成按时入睡的好习惯，还需要注意以下5点。

1. 营造安静的睡前氛围

在帮助孩子养成早睡习惯期间，家里人需要配合营造安静的睡眠环境和睡前氛围。如果家长需要加班，最好先把孩子哄睡着之后再工作，并且尽量和孩子做好沟通工作，否则孩子会觉得不公平：凭什么我要那么早睡觉，爸爸妈妈不但不睡觉，还可以玩手机、看电视？

我之前就遇到过这种情况，于是我就给孩子看我晚上工作的情况。现在孩子知道，爸爸晚上要工作，要在手机上给学员上课，有时还会提醒我早点睡觉呢！

2. 晚饭不要太晚

孩子的肠胃比较脆弱，消化代谢功能有限。如果晚饭太晚或者吃得太饱，就没有足够的时间去消化食物，可能影响睡眠质量。建议家里吃晚饭的时间适当提前，最好在晚上7点钟之前，并且吃完晚饭之后，尽量不要安排宵夜，最多睡前喝杯牛奶，睡觉前也不要喝大量的水，否则半夜频繁起夜，也会影响睡眠。

3. 合理安排晚上的时间

晚上除了必须要做的事情，比如做作业、阅读、亲子活动等活动外，家长尽量晚上少安排带孩子外出聚会，容易扰乱孩子的生活习惯。

4. 适当运动好处多

孩子的精力是非常旺盛的。我们都有这样的经验，只有把精力全部消耗掉，孩子才会安心入睡，并且能够睡得特别好，一晚上特别安稳。孩子在学校的时间很长，回家后，建议尽量为孩子安排一些户外运动，释放孩子的天性，有益身心健康，有助于孩子提早入睡，还可以增进亲子关系，并且有益视力。但是要注意，运动的时间一定要安排得早一点，不能太晚，因为太晚运动反而会让孩子亢奋睡不着。

5. 睡前保持轻松愉悦的心情

在很多的家庭里，尤其是晚上辅导作业时，特别容易发生督促和训斥孩子的情况。建议家长尽量不要在睡前责备、批评孩子，这会影响孩子的心情，从而影响孩子的睡眠质量。

⏱ 小结与践行作业

小结 本节介绍了帮助孩子轻松安排好睡前事项、轻松入睡的方法。

1. 让孩子准时睡觉需要游戏化睡前清单。

2. 制作睡前清单的 4 大步骤。

3. 对于已经习惯晚睡的孩子，可以通过"成长树打卡"的方法，

经过一段时间的践行，帮助孩子慢慢养成早睡的好习惯。

 作业:

　　　和孩子一起列出睡觉前要做的所有事项,和孩子一起协商,
做好排序,制作游戏化睡前清单;

　　　践行游戏化睡前清单,帮助孩子做到准时睡觉;

　　　如果孩子习惯晚睡,可以在游戏化睡前清单的基础上,制作
"成长树打卡",配合孩子养成好习惯。

学员作业

　　学员作业1(图3-10):孩子很喜欢《后羿射日》的故事,制作过程中,
太阳一圈的外沿有很多的尖角,剪起来比较费时间,但是做出来非常好看,
孩子很有成就感,做得很认真。

图3-10　儿童时间管理《后羿射日》睡前清单(学员作业1)

学员作业2（图3-11）：让大宝和二宝各选了一张自己喜欢的手指画，两个宝宝一起比赛睡前6项（刷牙、洗脸、洗脚、上厕所、脱衣服、进被窝），第一个完成的宝宝，第二天起床可以按两个手指印，第二个宝宝按一个。实操了几天后，睡前工作完成的速度明显提升，脱衣服特别快。每次按指印的时候，都能感觉到他们的认真和开心。

图3-11　儿童时间管理手指画（学员作业2）

如何让孩子写作业的效能提高一倍

在小学年龄段，孩子晚上最重要的一个活动事项就是写作业。在低年级段，孩子刚开始写作业的时候，很难做到专注，无法快速高质量地完成作业。在高年级段，学业压力大，作业量很大，不少家长希望可以帮助孩子提高写作业的速度。这些都是困扰家长的问题。作业完成速度慢，花费时间过长，不仅会减少孩子自由活动的时间，还会影响孩子正常入睡的时间，从而导致孩子第二天上学精神不佳，最终影响学习成绩。

下面将介绍，通过帮助孩子提高写作业的效能，让其快速完成作业，从而实现早睡目标。

第一，态度。改变孩子写作业拖拉磨蹭的态度。

第二，规划。帮助孩子掌握写作业的流程、数量以及完成时间，让孩子主动规划时间，减少写作业时的无效时间。其中包括：做规划、列计划、做准备等。

第三，执行。针对孩子的年龄特点，写作业过程中，灵活使用番茄工作法，让孩子写作业更专注、更高效。

只要做到以上这些，就可以帮助孩子写作业的效能提升一倍。

先改变态度，改变才会发生

对家长来说，最关注的莫过于孩子的写作业问题和睡觉问题。可是，对孩子来说，他们最关心的却是有哪些时间是可以自主安排的。在这段时间里，他们可以玩玩具、做游戏、看电视……做一切自己喜欢做的事情。孩子们的生命成长中，需要有对时间完全掌控的体验。

孩子一般缺乏对时间良好的规划能力，所以他们往往只顾"眼前利益"，先玩了再说，尤其是低龄的孩子。这时候，如果家长给孩子讲大道理，他们大概率是听不进去的。有时看起来在听，可是他们的内心戏却是：老妈又开始唠叨了，真烦！

其实，家长可以通过视觉化、更直观的方式，引导孩子，帮助孩子做出更符合自己需求的选择，从而改变孩子做事拖拉磨蹭的习惯。

前面讲到的"便签时间法"可以让孩子直观地感受，时间是如何被分配的。孩子知道图中的粉色部分，就是可以自主安排的时间。

我们可以尝试这样问孩子："如果你希望有更多玩的时间，要从哪里挤出来呢？"也许孩子会告诉你，可以吃饭吃快一点，洗澡洗快一点……这时，我们可以顺势和孩子沟通：如果写作业也能高效一点，是不是也可以呢？

其实，家长们无须给孩子讲大道理，孩子不愿意听，也不想接受，最终弄得亲子关系紧张，得不偿失。只需要通过可视化的时间分配展示，让孩子理解，他提高了写作业的效能，只要作业写得越快越好，玩的时间就越多。关于"便签时间法"的具体运用，可以看前面的章节。

当孩子认同了提升写作业效率的重要性了，接下来，就可以传授方法给他了。我们可以这样问孩子：有一种可以把作业写得又快又好的魔法，你想不想学习呢？接下来的章节我们就来介绍这种魔法。

🕐 作业规划清单，对作业整个流程心中有数

对孩子来说，写作业是一项巨大的工程，家长可以帮助孩子把这个"大工程"拆解为很多可以快速攻下的"小工程"，让孩子对作业内容、作业数量以及所需时间，形成大致的认识，知道该如何加快速度、快速完成，然后获得更多可以自由支配的时间。

下面介绍一种制作作业规划清单的方法——游戏化"星球探险作业清单法"（图3-12），特别适合小学中低年级的孩子们。

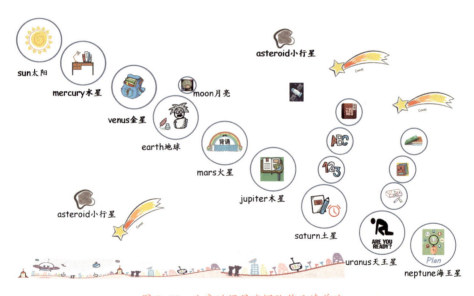

图3-12　儿童时间星球探险作业清单法

这是一个太阳系星球探险游戏。

第一步，从海王星出发，在海王星做好作业计划。

第二步，到达天王星做好准备，天王星有3颗小卫星，分别是准备文具、课本和作业本。

第三步，到达土星采用番茄法做作业，土星有3颗小卫星，分别是完成语文、英语、数学等书面作业。

第四步，到达木星，对写完的作业进行检查。

第五步，到达火星，进行背诵等口头作业。

第六步，到达地球，请地球上的父母签名吧。

第七步，到达金星，整理文具，收拾书包，准备第二天的学习用品。

第八步，到达水星，整理好书桌。

第九步，接近太阳，太阳温度很高，我们只进行远距离探测，不安排任务。

以上是高效完成作业的9个步骤，孩子每完成一个任务，就可以把对应的磁铁片翻过来。当所有星球图案的磁铁片被翻过来时，就表示探险成功，也就是作业全部完成了。

通过游戏化"星球探险作业清单"，不仅使得写作业这个模糊的事项变得清晰有条理，还把枯燥的作业任务变成有场景、有故事、好玩的游戏。孩子不再是被迫做作业，而是通过玩喜欢的游戏，顺便完成了作业。

在"星球探险作业清单"的基础上，清单里的每个任务，都叫以继续拆解，列出一份独立的小清单，让它更有针对性地解决孩子的单项问题。

接下来，我们针对列作业计划清单、写作业前的准备清单、专注写作业这3个任务展开分解。其他的任务，比如怎么让孩子自我检查作业、收拾书包、整理桌面等，就不再展开描述，家长可以根据需要，和孩子一起制作相应的清单。

列作业计划清单，对作业数量和完成时间做到心中有数

1.思维导图作业计划清单

下图（图3-13）是作业计划清单，使用思维导图形式，更适合小学高年级以及初中的孩子使用。按照学科分类，每个学科有3个分支：作业内容、需要番茄、作业顺序。

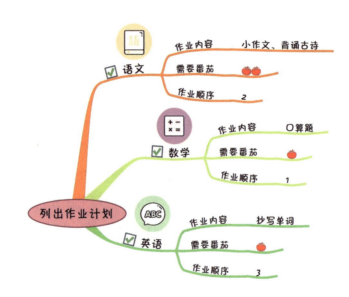

图3-13　儿童时间管理思维导图作业计划清单

第一个分支，作业内容。每科老师布置的作业，具体内容是什么？

第二个分支，需要番茄。孩子预测写作业需要花的时间，一个番茄代表25分钟专注时间，加上5分钟休息时间，加起来一个番茄就等同于30分钟。用番茄的个数来表示时长。

第三个分支，作业顺序。孩子自行安排完成作业的顺序。

有个小细节需要注意，当一科作业完成后，需要在对应学科的前面打钩，表示在番茄时钟规定时间内完成了相应的学科作业。

实际使用时，可以把导图打印出来，放进一个透明文件袋里，然后用白板笔在文件袋上书写。第二天可以擦掉，重新使用，不需要每天都打印一张，这样既方便又省钱。

2. 列作业计划清单的三大好处

（1）了解结果。培养孩子每天回家第一件事，就是列作业计划清单。这样，就可以知道晚上有哪些作业，大概需要花多长时间，可以采用需要几个番茄直观地来表示。再结合前面章节中介绍的"便签时间法"，这样晚上其他活动的时间安排也非常清楚了。

（2）了解过程。在使用番茄时钟写作业的休息间隙（后面会详细讲到），家长可以对照作业计划清单，检查孩子作业完成进度是否与预期时间一样，检查孩子每一项作业完成的情况，必要时，可以询问孩子是否需要帮助。

注意事项：很多孩子在作业清单法刚开始使用时，可能无法预测完成每项作业所需要的时间，这是很正常的，因为之前没有做过记录，所以很难做到准确的预测。这时，可以将预测时间这一栏改为记录写作业的时间，让孩子每天记录完成每项具体作业的起止时间，从而计算出具体用时。通过一段时间的准确记录，孩子就可以知道自己写作业的快慢，慢慢就能预估出自己完成作业的时间了。

（3）找出问题。用好这张作业计划清单，父母很容易发现孩子做作业时遇到的具体问题，只需要去看作业计划清单的时间记录，就能知道孩子具体在哪个环节拖拉磨蹭。是语文古诗背不出？还是数学计算花费很长时间？或是英语写单词拖拖拉拉？否则，只是笼统感觉孩子写作业很慢，却不清楚具体哪里慢，为什么慢，父母想要帮助孩子也就无从下手，只能不停地催促。

注意事项：家长和孩子一起列作业计划清单，不是为了监控孩子，而是为了帮助孩子高效写作业，这是父母和孩子共同的目标。这点一定要让孩子体会到，要让孩子知道，父母和孩子是站在同一条战线上的。否则，孩子可能会有抵触心理，拒绝接受。

作业准备清单，减少写作业中的无效时间

写作业前的准备工作也非常重要，可以制作成一张独立的清单。但是这份写作业前的准备清单并不是一次性完成的。因为通常刚开始的时候，孩子不一定能把需要做的准备工作全部列出来，这需要通过平时多观察、多记录孩子在写作业过程中经常被打断的情况，从而逐步完善写作业前的准备清单。

在培养孩子写作业的习惯时，初期可以允许孩子出现中断的情况，让孩子自己去体验写作业经常被打断带来的后果。后期可以引导孩子，在写作业前就需要把准备工作完成，例如喝水、小便、准备文具、准备作业本等。不断完善写作业前的准备清单，可以让孩子写作业更专注，中途打断的情况会越来越少，无效时间也逐渐减少。

"番茄工作法"，让写作业更专注

有些孩子无法专注写作业，一写作业，就开始各种开小差：一会儿要削铅笔，一会儿要找橡皮，一会儿要上卫生间，一会要玩会玩具，一会要看奥特曼，一会儿还要喝水、吃零食……孩子很难专注，中间会有各种小动作。

下面将介绍一个方法——"番茄时钟法"，使用非常简单，却非常有效，是最重要的时间管理工具之一。如果家长们有兴趣想更深入了解，推荐

一本书——《番茄工作法图解》，它是介绍番茄工作法最专业的图书。

1. 什么是番茄工作法

番茄工作法（图3-14），不是字面上的一边吃番茄一边做事情的意思，而是因为它的发明者使用了一种番茄形状的计时器，因此而得名。它是一种非常简单易行的时间管理方法。

图 3-14　番茄工作法

选择一个待办任务，设置番茄时间为25分钟，其间必须专注这项任务，不允许做任何与该任务无关的事情，直到25分种结束，番茄时钟响起。接着，短暂休息5分钟。然后，再开始下一个25分钟的专注工作和5分钟休息。依次循环，每次4个番茄钟后，进行一次长时间的休息。

2. 番茄工作法的具体用法

番茄工作法的使用非常简单，就是工作和休息不断循环。具体步骤如下：

第一步，列出需要完成的任务列表。

第二步，专注完成25分钟的工作，然后休息5分钟，算1个番茄时钟。

第三步，继续下一个25分钟的工作，再休息5分钟，算2个番茄时钟。

第四步，如果连续完成了4个番茄时钟的工作，就安排一次长休息，10~30分钟都可以。

3. 番茄工作法有效的原因

番茄工作法，是非常简单的工作和休息循环的过程，这个方法非常有效。就像大自然有自己的规律，潮起潮落、阴晴圆缺，人的精力也一样，有一张一弛的节奏。

如果一鼓作气连续工作学习两三个小时，可以通过坚持做到，但是精力很快就被消耗掉了，如果当天还有其他的事情要做，很可能就没有精力了。但是如果换成"番茄工作法"，人的精力图就像脉冲波一样，即便消耗了，也会很快恢复（图3-15）。

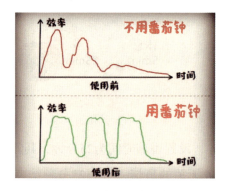

图 3-15　使用番茄工作法前后对比

在《精力管理》一书中，心理学家吉姆·洛尔提到一个案例，在短跑比赛中，排名靠前的运动员在两轮比赛中间会有一个固定的行为——放松。而许多排名靠后的运动员就没有这种体力恢复的习惯。通过建立高效的体力恢复的机制，运动员可以在极短的时间内，实现体能的迅速恢复，番茄工作法也是一样的道理。

4. 孩子用"番茄工作法"的三大好处

（1）降低学习难度。通常情况下，当孩子看到大块作业任务时，他会本能地排斥，觉得很难，无从下手，会想办法拖延。"番茄工作法"把大块的作业任务分解细化为小的具体事项，每次只写25分钟。即使孩子不太喜欢这个作业任务，但是只要坚持短短25分钟，比起连续写作业2个小时，他们会觉得还是可以做到的。而且每隔25分钟还可以休息5分钟，压力就不会太大了，对于孩子来说，还是相对容易进入专注状态的。

（2）与学习建立正向联系。当孩子学习时，如果中间感觉累了，大脑注意力有些分散，想放松一下时，家长可以鼓励孩子，再坚持一会儿，很快就可以休息了，孩子很可能就会选择再坚持一会儿。这样的话，可以帮助孩子不断延长他的专注时间。但是，家长要注意，刚开始，一定要根据孩子的实际情况来，如果之前没有训练过，可以从坚持10分钟开始，慢慢延长到25分钟。

当孩子休息时，可以看看外面的风景，放松下大脑，吃点坚果和零食，喝一杯喜欢的饮料，让孩子心情愉悦。

如此实践一段时间之后，孩子就会把"番茄时钟""专注学习""好心情"联系在一起，形成条件反射，与学习建立起正向联系。

（3）休息时获得灵感。很多人会觉得，5分钟休息时间太短，休不休息都一样。其实，这5分钟的休息时间非常重要，很多伟大的发现和创意，都是在高效工作之后的休息时间产生的。比如，牛顿在树下休息时被苹果砸到脑袋，发现了万有引力定律，阿基米德在洗澡休息时发现浮力原理等。

5. 如何灵活调整番茄时钟的时长

一个完整的番茄时钟就是25分钟学习，5分钟休息。那么，这个时间可以调整吗？在成人时间管理中，番茄钟是不可分割的最小单位。但是就儿童而言，是可以调整的，那么如何调整呢？

（1）根据孩子年龄来设定，调整番茄时长。一般一个番茄钟是孩子年龄的2~3倍。比如5~6岁的孩子，番茄钟可以先设定为15分钟的学习，加5分钟的休息。过程中观察孩子的专注程度，然后和孩子商议慢慢增加番茄时间到25

分钟。

（2）根据孩子专注力的程度来设定，调整番茄时长。专注力弱的孩子，番茄时间可以设置得短一点；专注力强的孩子，则可以设置得长一点。但是要注意，最长时长不建议超过25分钟。

拓展知识：

　　"番茄时钟法"对成年人也非常有效。很多成年人很难做到25分钟聚精会神做一件事，很难体会那种全神贯注、投入忘我的状态。在那种状态下，甚至感觉不到时间的存在。在事情做完之后，人会有一种充满能量、非常满足的感受，这就是"心流体验"。家长们可以趁着这个机会，和孩子一起练习"吃番茄"的方法。关于心流体验，则推荐一本书——《心流》，这也是国内心理学家武志红老师极力推荐的书。

清单使用注意事项

1. 清单之间的关系

本书中的清单比较多，它们之间其实是有逻辑关联的。它们的合理搭配，构成了整套清单系统。在这套系统中，孩子的时间管理分为三个层面（图3-16）

（1）宏观清单："便签法时间法"+"一日时间饼"，是孩子宏观一日时间管理。

（2）中观清单：是孩子习惯养成的重点，包括晨起清单、睡前清单、作业清单等。

（3）微观清单：番茄钟+具体行动清单，是单个项目效率提升的工具。

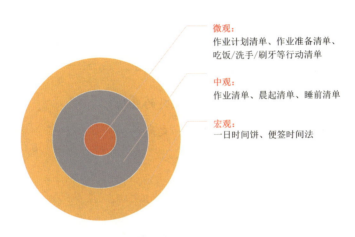

微观：
作业计划清单、作业准备清单、
吃饭/洗手/刷牙等行动清单

中观：
作业清单、晨起清单、睡前清单

宏观：
一日时间饼、便签时间法

图3-16　时间管理三个层面

2. 清单使用时的注意事项

（1）和孩子协商讨论。制作清单的细节，应该是家长跟孩子共同讨论出来的。在制作清单时，家长要多和孩子进行头脑风暴，让孩子参与清单的制作，最后由孩子自己设计并制作清单，这样，孩子的自主性才会被慢慢培养出来。

（2）一次只针对一个项目进行刻意练习。刻意练习，是一种高效提升技能的方法。就是把事情先细分成一个个行动，一定要细分到无法再细分为止，再针对每个行动提升效率。

为什么一次只对一个项目进行练习？因为，如果你想让孩子一下子把方方面面都做好，很可能他哪个方面都做不好，并且还有可能对时间管理产生抗拒心理。相反，如果每次聚焦一小步，当家长看到孩子进步时，及时给予

鼓励，孩子会获得成就感，更有动力去执行，从而更加自信，做作业也会越来越高效。

⏱ 小结与践行作业

小结：　1. 如何让孩子主动改变写作业时的磨蹭？

2. 如何让孩子写作业更专注、更高效？

作业：

学习过程中，思考和描述孩子做作业中碰到的问题。

制作"星球探险"作业清单。

做一份作业微观清单（选做）。

⏱ 学员作业

学员作业1（图3-17）：孩子很喜欢太阳系星球探险的故事，他说这是英雄之旅。每天做作业时都拿出游戏化的作业清单，孩子照着清单做作业，很直观地就可以看到作业完成的进度。

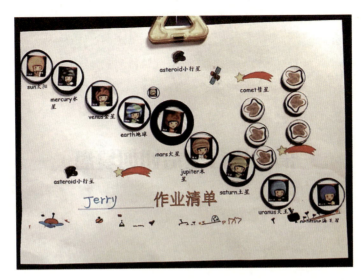

图 3-17　儿童时间星球探险游戏化作业清单法（学员作业 1）

学员作业2（图3-18）：用这个作业清单做作业，就像升级打怪玩游戏一样。最后，所有的作业任务都完成之后，磁铁片全部翻过来，每一个都是成就满满的笑脸。

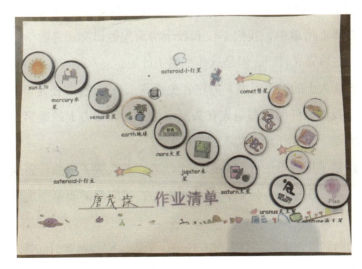

图 3-18　儿童时间星球探险游戏化作业清单法（学员作业 2）

清单执行之后如何复盘

🕐 儿童时间管理复盘表怎么用

前面我们介绍了儿童时间管理中的三个最重要的清单——晨起清单、作业清单、睡前清单。到这里，我给大家一张"儿童时间管理清单复盘表"，内容适合上小学的孩子。

1.为什么要做清单复盘表

做这张表格的目的是，复盘我们在微观层面每一件事项的具体执行成果。比如在作业清单中，我们不仅和孩子协商先做语文还是数学、外语，以及用番茄钟估算完成时间，但是这些都属于计划。

《高效能人士的七个习惯》的作者史蒂芬·柯维说："任何事都是两次创造而成。"我们做任何事都是先在头脑中构思，即智力上的或第一次创造，然后付诸实践，即体力上的或第二次创造。

如果说孩子用清单做计划是第一次创造，那么孩子按照计划执行清单上的事项就是第二次创造。但是，我斗胆以为，我们都需要第三次创造——对执行结果的分析和复盘。

就学习时间管理而言，其实没有任何一个人，刚接触到时间管理就能秒变自律，一路狂奔。真实过程一定会是一个反复的过程，到了一定的阶段，会感觉有点惰性，会回到老样子，成年人会这样，孩子也会。所以这个时候，需要一个非常重要的能力，叫作重启能力——重新启动原有的技能或习惯的能力。

为了更好地应对重启阶段，我设计了这张表格，设计理念基于复盘和黄金思维圈的思维方式，同时结合了儿童时间管理的相关清单。

如果你学过黄金思维圈，会知道表中后面3列问了3个问题：

（1）执行结果What，是什么？

（2）原因分析Why，为什么会有这个结果？

（3）改善建议How，下一步的行动是什么？

2. 清单复盘表

儿童时间管理清单复盘共分为6大项和3小项表3-1。

6大项：项目、是否完成、时长、执行结果、原因分析、改善建议。

3小项：日期、对今天的鼓励、对明天的期待。

表3-1　儿童时间管理清单复盘表

项目	是否完成	时长	执行结果	原因分析	改善建议

日期

对今天的鼓励　　　　　　　　对明天的期望

第一列：需要复盘的项目。比如做语文作业、睡前刷牙、洗澡等，我们称之为项目。

第二列：是否完成或完成率。完成，打勾；没有完成，不打勾。如果这个项目周期比较长，比如搭建一个巨型乐高模型，需要每天完成一点，那么这里可以写每日完成率。

第三列：时长。做这个项目用了多长时间。

它的目的是去看同一个项目，每一天完成时长的波动，方便前后对比，尤其是一些能够预估时间的项目。比如父母给孩子布置的语文作业，基本上是固定的时长。这里主要关注时间会不会波动特别大，比如某一天用的时间是平时的两倍，这个时候就需要分析原因了。

第四列：执行结果（What：执行后的结果是什么）。

主要记录：这个项目哪里做得好，哪里做得不好。

注意：要记录基于事实的客观结果，不要夹杂自己的主观评价。家长需要记录的是孩子的具体什么动作，达成的结果是什么，而不是你认为他怎么样，这个地方一定要注意，是基于事实。比如大家比较关心的作业，今天做了一个测试卷，得了多少分，错了几道题，这种叫基于事实观察；而今天孩子做作业不太认真，这叫评价。

《非暴力沟通》的作者马歇尔·卢森堡说："将观察和评论混为一谈，人们将倾向于听到批评，甚至会产生逆反心理。"因此我们在填写执行结果时尤其要注意，太多评论可能会让孩子产生逆反心理，不愿意一起进行复盘。

第五列：原因分析（Why：为什么会有这个结果）。它是针对刚才的执行结果，分析具体原因。

比如，孩子做同一个项目，今天用时比昨天少很多，这个时候，除了鼓励，我们是不是也要分析一下原因，今天孩子到底做了什么跟往常不一样的事，导致速度变快，以后要保持。相反，如果今天孩子做同一个项目，比往常用时长了很多，也要去分析一下是什么原因，以后好避免。

由于我们做的是儿童时间管理，建议在初期复盘的时候，这个部分不要搞得太复杂，一般写一个最重要的原因即可。

第六列：改善建议（How：下一步该如何改善）。根据出现的一个结果，分析完原因，接下来我们该怎么提出建议。

这里要注意：

（1）不要写"假大空"的内容，比如孩子完成作业时间长了或错误率很高，也不要写一个改善建议——请他好好做作业，这种说了等于没说。

（2）要写的改善建议，是能够执行的具体动作。比如用时较长，分析后的原因可能是文具没准备好，铅笔没提前削好等。那么家长的改善建议应该是，在做作业前预留时间准备好文具、铅笔削好几只等。

这个表格最下方，还有两行，包含日期、对今天的鼓励、对明天的期待3个小项。

（1）日期：在执行清单的1周内，建议一日一表，每天填写表格，帮助孩子持续优化。

（2）对今天的鼓励：回想今天做的事情当中，做得最好的是哪一件，然后父母给予孩子鼓励。不管你认为他做的离你的预期差多远，家长都要给孩子一个鼓励，找到一个亮点，这是你的责任。

（3）对明天的期望：不管今天做成什么样，我们希望明天能更好。可以跟孩子协商，让他自己写一下，我们明天针对哪一个项目，我们能不能做得更好，最好能写得具体一点。比如做一项同类型的作业，时间能缩短多少，或者准确率要达到多少。

这样的话，你对孩子今天的进步给予鼓励，赋予能量，同时又给了孩子一个向上进步的空间。

但这里请大家注意：

（1）儿童时间管理以及整个亲子教育的过程中，一定要重视协商，不要

强制定要求。孩子本身有内驱力，如果家长提过多的要求，内驱力可能会变成外驱力，反而让他不想去做了。

（2）如果可以，最后一行的两个地方都让孩子自己写，如果他不知道写什么，给他一些建议即可。

🕐 儿童时间管理复盘表实践案例

在我使用复盘清单的过程中，发生了一个小故事，分享给大家，或许对大家有所启发。

遇到问题：在陪孩子写作业的过程当中，他碰到了一个数学难题，做不出来。我看他做不出来，就陪着他一起做，给他一些建议。这个时候，孩子不要我给他建议，坚持自己做，但是自己做了一会儿，依然做不出来。这种情况下，我忍不住要给他一个"正确"的方法，教他怎么做，并指出错误之处。这个时候，孩子就哭了……

做复盘：针对这个事情，我在表单上面记下了这么一项："一道数学难题没有做出来，孩子哭了。"这是记录执行结果。当我问他原因时，他哭得更厉害了，不愿意对我讲，所以这个复盘就进行不下去了。

当时我的心理活动：现在有一个问题，你不知道原因，你就没有办法下对策，这个复盘就进行不了，可能这个点就无法更正。这个时候，我内心有点着急。但是，下一秒我就意识到，可能我确实是着急了。虽然看到孩子在哭，我内心很烦躁，但是我冷静了一下，允许他哭一会儿。他只是哭，没有闹。我允许他流眼泪，释放情绪。

这个时候，我是这么做的：

首先，共情一下。我说："这个题目确实比较难，你做不出来很着急，是不是？"这个时候，其实孩子一般不会那么配合，果然，还是不理我，继续哭，但是程度比原来轻了一点。

我接着说："刚才爸爸有点着急了，我们现在碰到这个问题了，你看刚才哭了一会儿，这样也有点累，而且时间也挺晚了，我们一共用了15分钟。你想不想明天还出现这样的情况呢？"他说："不想。"我说："不想的话，那我们来看一看，刚才到底发生了什么。"

接着，我就把复盘表单拿出来，和孩子说明复盘表后3栏（执行结果、原因分析、改善建议）分别要记什么。

（1）第一栏，执行结果。刚才这件事情我们做得怎么样？写下来，碰到一个数学难题，掉眼泪了。我说："是不是这样？"他没说话，我观察他的表情，看起来应该表示认可。

（2）第二栏，原因分析。接下来，我跟孩子讲，刚才掉眼泪了，我们也不希望明天还发生这种情况，所以我们来看一看，刚才到底为什么掉眼泪。这时候我又问他，他认为是什么原因，孩子还是不说话。

真实的情况就是这样，我们有了工具和方法，但是孩子不会完全按照你预设的套路出牌，这很正常。

这个时候，我们该怎么办？是不是就要放弃了？不是！我们要考虑到孩子的语言表达能力，以及孩子愿不愿意跟你讲。这时采取一种策略，给他封闭型问题，比如选择题，不要给他开放性问题。因为很少有孩子能够主动分析出来原因并用语言清晰表达。所以我们给他一个选择题，注意选项不要太多。我就问他："是不是题目太难，你想做，但是做不出来，你着急，所以掉眼泪？"他回答："好像是。"但我观察他的表情，好像又不是特别确定。紧接着，我问他："是不是你刚才做不出的时候，爸爸说你了，你就掉眼泪了？"他不说话，但表情看起来是认同我所说的。经过确认，他觉得确实是这个原因。

（3）第三栏，改善建议。我们分析出来原因，那对策就很简单了。

首先，跟孩子承认错误：确实是因为爸爸说你，你才会掉眼泪。如果

我不在，你碰到这个难题，可能会研究，做不出来也会着急，但是不会掉眼泪。

然后，给孩子一个鼓励！因为我们找到了真正的原因。

接着，找到了原因，下一步的对策就很简单——明天碰到这个情况，我先不说他，他也觉得这样可行。紧接着，我又引导他："明天碰到一个难题，如果你也做不出来，我正好又在边上，我不说你，也不做其他动作，那么可能的结果是什么呢？"他说："可能还是做不出来，还是会掉眼泪。"我继续引导他："那我们应该怎么办呢？"

注意：这个时候，我引导他是为了体验整个过程。我们不仅仅要解决眼前的"爸爸不要来说你"，而且还要解决"遇到难题"时如何应对，如何思考——先看发生了什么事，然后思考原因。

我继续引导他思考，什么叫改善方案。我说："我们已经有了一种方法，叫作'爸爸不说你'，但是看起来效果不太好。我们再提供一种替代的方案是什么？"让他一起来思考。

最终，我们两个人讨论了一会儿，得到的结论是：假设还碰到这种数学难题，孩子做不出来，而我恰好又在身边，下一步的对策是这样的：

第一步，孩子自己先尝试，想怎么做就怎么做，爸爸绝对不能说话。

第二步，如果做出来了，那很好；如果做不出来，只有孩子主动求助的情况下，爸爸才能说话。

第三步，我们一起研究这个题目，如果能一起做出来，就把这个题列为一个重点，并且把它放到错题本上，方便以后复习。

这三个步骤，不是我给他指定的，是我们一起想出来的。最后我还跟他确认，这样行不行？他说："可以。"我说："可以是吧，来签个名。"然后他把他的名字写了上去。一定要有这个仪式感，让他知道这个是经过他同意的，而且是不带诱惑的，结果是我们一起想出来、协商出来的。到这里，复盘的动作已经完成了。最后说下和孩子的延伸交流。

既然已经谈到这个了，接下来我做了一个动作。我说："你看，虽然今天数学多花了半个小时，但是我们有没有收获？"我在引导他，收获是什么。他挠着脑袋说："收获，是把一个不会做的题目做出来了。"我说："这是一个收获，还有吗？"我提示他，刚才有一个什么事情你不想以后再发生。他马上想出来了："以后遇到难题，我可以不哭，我们有办法可以解决。"

想到这里，对孩子来说，已经很不错了。我再引导他，还有吗？注意，这里有一个很好用的句式："还有吗？"这个时候，孩子其实已经不太能想出来了。我给他提示：你看，刚才我们碰到一个难题，然后，我们通过协商，两个人把这个难题解决了。孩子知道解决了，但是让他抽象出来这个规律是很难的。所以我继续引导他，这时我又把复盘表格拿出来给他看。

第一栏：叫执行的结果，就是这件事情做得怎么样，哪里好，哪里不好。

第二栏：如果是不好的事情，我们接下来可以分析原因。

第三栏：知道原因之后，就能明白为什么之前会出现这个事情，我们才能思考怎么解决它。

我对他进行引导的目的是，让孩子知道遇到问题后，有一个思维模型可以帮助我们，叫作黄金思维圈。使用顺序可以是：

（1）这个事情是什么。

（2）发生这个事情的原因是什么。

（3）接下来我应该怎么做。

我不单希望他能够解决这个数学难题，也希望他能够下次遇到难题不哭鼻子，更希望他能掌握一种思维方式，这也是我做这个表单最重要的目的之一。很多时候，这种潜移默化的"随便说说"对孩子是很重要的。我们在孩子的心里埋下了理性思维的种子，但不能期待立刻开花结果。

有了这个延伸，我们就相当于从点到线、到面、到体地陪伴孩子成长。

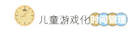

点——孩子遇到一个挑战，比如遇到一个难题时情绪不佳。

线——引导孩子使用复盘表，描述、分析、解决当前难题。

面——帮助孩子了解这个表格背后的原理——黄金思维圈。

体——让孩子知道，这种思维方式可以帮助他在未来处理其他问题。

未来不断地去重复这个过程，孩子就会掌握一种解决问题的思维方式——这个事情是什么？什么原因导致的？接下来我应该怎么做？这样，他会慢慢具备自己解决问题的能力。

这个也是儿童时间管理本身的一种延伸。我们做儿童时间管理，看起来好像是让孩子高效一点，但是更深一层的目的，其实是让孩子学会自我管理。自我管理是，孩子知道自己的目标，他要做成什么，他知道怎么做，他知道如何高效地完成。另外，如果达不到预期，他应该怎么分析和处理。我觉得，所有的教育，都不是技能和知识的灌输，而是思维方式的引导，这也是本书的一个理念。

以上就是发生在我和孩子身上的一个小故事，希望对家长有些许启发。

第 4 章

微观认知时间

三个游戏让孩子成为时间的好朋友

　　前面介绍了晨起清单、睡前清单、作业清单等各种清单，助力父母通过游戏的方式，帮助孩子启动时间管理。在孩子践行时间管理的时候，用心的父母可能会发现，孩子常常会做不到位，其中最重要的原因，是孩子对于时间没有概念。

　　接下来我们将介绍训练孩子时间观察力的三个亲子小游戏：**时间记录游戏、时间估算游戏和猜时间游戏**。这些游戏既简单、有趣，又能有效地帮助孩子感知时间。对游戏的热爱是孩子的天性，父母掌握了这些游戏方法之后，可以和孩子随时随地玩起来，孩子也会逐渐增强对时间的感知能力，并且对时间的认知也会进一步加深。孩子只有多了解时间，才能更好地做时间管理。

游戏 I　时间记录游戏　　让孩子对时间感兴趣

1. 游戏目的

对于年龄较小的孩子，时间是一个很抽象的概念，既看不见又摸不着。

在日常生活中，父母可以通过游戏的方式，帮助孩子把时间和他们的行为关联起来，使孩子对时间产生兴趣，并且对时间有感知。比如，每天早上孩子穿衣服、洗漱，晚上写作业等，我们都可以邀请孩子玩时间记录游戏。这个游戏适合小龄的孩子玩。

2. 道具准备

道具：计时器（图4-1）。

要求：正计时、倒计时、时间显示功能。

图 4-1　计时器

在计时器的选择上，对孩子来说，图中左边这款纯数字计时器非常适合长期使用，无噪声、不易坏，还可设置任意时长。番茄形状的计时器会有噪声，影响孩子的听觉和专注力，但是样子比较好看，所以建议仅仅在孩子刚开始学习番茄时钟的时候使用，让孩子对这个方法有兴趣。沙漏计时器只能固定计时一个时间，并且容易损坏。另外，虽然手机也有计时器功能，但是不建议使用，因为它会分散孩子的注意力，不到万不得已，不推荐使用手机来计时。

3.怎么玩

时间记录游戏非常简单，只要按照4个步骤完成即可：记录时间、准确告知时间、横向比较、激发思考。家长可以陪伴孩子随时玩起来，不知不觉中就可以帮助孩子获得知识和技能。

（1）记录时间。先确定一件需要记录时间的事情，然后拿出计时器计时。比如，每天早上孩子穿衣服时，我们就可以拿出计时器，给孩子记录穿衣服的用时。

（2）准确告知时间。当需要记录时间的事情完成后，父母要把记录下来的、做这件事情花费的时间准确告知孩子。比如，早上记录孩子穿衣服的时间，等孩子穿完衣服之后，父母告诉孩子："今天你穿衣服用了5分20秒。"注意，一定要把时间准确地告知孩子，精确到秒。这样做的好处，一是可以帮助孩子认识时间的准确性，二是如果连续一段时间记录同一件事情所花费的时间，可以引导孩子思考，如何把事情做得又快又好，和我们学习的任务清单进行配合，提高事情完成效率。

（3）横向比较。刚开始的时候，孩子可能只是觉得好玩，但并不知道为什么要这么做。但是通过一段时间的记录，就可以让孩子对时间更有掌控感，做一件事情大概需要花费多长的时间，孩子会慢慢做到心中有数。并且，家长还可以引导孩子做横向比较，比如，同样是早晨起床穿衣服，通过时间记录比较，今天比昨天是更快了，还是更慢了。

（4）激发思考。接下来可以进一步激发孩子思考，今天更快或者更慢的原因是什么？有没有什么方法可以让事情做得又快又好？比如，你可以说："今天你洗脸、刷牙用了4分20秒，比昨天快了40秒哦，你是怎么做到的啊？"（做惊讶状）如果今天慢了些，你可以说："今天你洗脸刷牙用了7分钟，这是为什么呢？"（好奇的表情）

以上这些步骤可以引导孩子对现象背后的原因进行主动思考，并且总结归纳相关规律，不但训练了时间管理能力，还锻炼了孩子的思维和表达能力，一

举多得。

4.注意事项

不管是孩子还是成人，在时间管理上都有一条重要的心法——"无记录，不管理"。

时间管理中最基础的部分就是时间记录，包括时间花费在什么事情上，花费了多长时间等。有了这样的客观认知，接下来做时间管理才有依据。

家长可以从平时的点滴开始，通过亲子小游戏，让孩子逐渐认识到他的行为和所花费的时间之间是有一定关系的。这样，孩子就能通过自己的行为，感知到时间的存在，为以后做好时间管理打下基础。

这个游戏还可以延伸到吃饭、洗澡这些事情。孩子会越来越能理解，时间虽然看不见、摸不着，但时时刻刻都在自己的身边。穿衣服的时候，时间在；吃饭的时候，时间在；洗澡的时候，时间还在。时间就像好朋友一样，始终和他在一起。当孩子对时间感兴趣了，家长就可以和孩子一起玩更高级的游戏了。

游戏2　时间估算游戏——知道日常事项的用时

1. 游戏目的

孩子有了对时间的记录和感知体验后，父母就可以帮助孩子进一步从感知上升到思维层面了。通过估算时间游戏，让孩子知道日常事项的用时，帮助孩子更好地安排一天的时间。

2. 道具准备

日常事项卡片、计时器、成果记录表。

3.怎么玩

时间估算游戏分为3个步骤：给孩子看日常事项卡片、请孩子估算用时、记录游戏成果。

（1）给孩子看日常事项卡片（图4-2）。日常事项卡片可以是日常生活中的任意事项，比如：游泳，开车去旅行，潜水，唱生日快乐歌，洗手，上舞蹈课，跟狗狗玩，花园锄草，接雨水，郊外野餐，给狗狗喂饭，骑自行车，等等。父母可以和孩子一起动手，把这些事项制作成卡片，也可以直接搜索资源，下载打印。

图4-2 日常事项卡片

（2）请孩子估算用时。可以问问孩子：你觉得完成这些事情大概需要用多长时间呢？1分钟、5分钟，还是1小时？

其中有一部分，孩子能答出来，我们要给予即时的鼓励。如果孩子有些答不出来，也没关系，这只是个游戏而非考试。这个时候，就是体现父母教练职能的时候了，必要时，我们可以带着孩子实际操作一遍，让孩子带上计时器做记录，就当是给孩子的小任务。当孩子带着任务，亲身参与，可以获得直接的体验，经过一段时间的训练，孩子对时间的感知能力会越来越强。

（3）记录游戏成果（图4-3）。最后请孩子记录他们的游戏成果。小龄的孩子可以用图画的形式，画出3件1分钟能完成的事，3件5分钟的能完成的事和3件1小时才能完成的事，做分类归纳和总结。大龄的孩子可以用文字形式表达。

你能做……

写你能做的每一次，并画一幅画。

1分钟	5分钟	1小时

图4-3　日常事项卡片使用

游戏 3　猜时间游戏——随时随地感知时间

1. 游戏目的

如果我们想知道某个时刻的准确时间，一般会用什么方法呢？看手表？看手机？问别人？我们是否可以不用以上方法，自己先来猜一猜，现在是几点了呢？

当然，这个猜并不是瞎猜，而是用你的感觉系统去感觉，用你的逻辑推理去推算。这就是猜时间游戏，非常简单，不需要道具就可以玩起来。这个游戏又非常有意思，因为孩子需要调动一切感觉系统，才能感知时间。

这个游戏适合大龄的孩子，对时间有一定的认知基础会更有意思。

下面以两个每天都会发生的场景，来介绍这个游戏怎么玩。

场景：猜一猜出门时间

假设平时我们每天7:40出门，从家里出发去学校。那么，每天出门的这个时刻，都可以让孩子猜猜时间："宝贝，你觉得现在几点啦？"

场景：猜一猜到校时间

从家里出发开车去学校，路上可能会遇到很多红绿灯，有时堵车，有时畅通，这些因素都会影响最终到达学校的时间。到了学校门口，我们又可以和孩子一起来玩猜时间的游戏。我们可以问孩子："宝贝，你觉得现在几点啦？"有变数才好玩！

这个时候，父母可以先说出自己猜测的时间。比如你可以说："我先来猜一下，我猜现在是8点，因为今天路上有点堵，红灯有点多，所以可能比平

时晚了几分钟，不过应该不至于迟到，下次我们出门要早一些了。"注意，家长一定要简单说明自己猜测的理由，让孩子逐渐增强对时间的感知。

然后再让孩子猜："那你觉得现在几点了呢？"有了前面父母提供的"时间锚点"作为参考，孩子猜对的可能性会更高一些，游戏经常能答对，孩子获得的正向反馈多，自然会愿意和父母玩这个游戏。

玩过几次之后，父母就可以让孩子先来猜，并且说出理由，锻炼孩子的逻辑能力和语言表达能力。

2. 猜时间游戏的三大好处

（1）提升对时间的感知力。通过这个游戏，可以使孩子对于在路上需要花费的时间，有比较准确的估算。

（2）提高效率，预防迟到。通过对出门时间和到达时间的关注，孩子会认识到，路上可能会出现很多突发状况，如果不能保证7:30准时出门，就有可能会迟到。当孩子有了这样的认知，就不需要父母催促了，他们自己会盘算，必须准时出门，否则一旦碰到道路拥堵，就不能保证8:00之前准时到校了。父母也就不需要每天早上"河东狮吼"了，巧用方法，育儿省心省力。

（3）加强推理能力。猜时间游戏不仅适合孩子一个人玩，也适合全家一起玩，或者孩子和朋友一起玩。当孩子和家人或者朋友一起玩时，可以请孩子在整个过程中，观察别人是怎样进行推理预测的。经常玩这个游戏，孩子会学会参考、借鉴别人不同的思考方式。这不仅对孩子的时间推理和预测能力有很大帮助，还能提升孩子的思维能力。

⏱ 时间游戏注意事项

1. 使用计时器不是为了催促孩子

如果计时器使用不当会引起孩子的反感，进而可能引起孩子对其他工具产生厌恶和排斥心理，从而拒绝和父母玩时间游戏。所以，孩子对计时器是否产生兴趣，非常关键。

比如，第一次给孩子记录洗澡时间的时候，我会说："你在学校跑步很快，对吧？今天我给你找了一个对手，你敢不敢和它比一比？"

男孩子的好胜心这时候就被勾起来了，他会表现得很有兴趣。于是，我就顺理成章地推出了"和时间赛跑"的游戏。我们商量设定好了15分钟的倒计时，看看他能不能在规定时间内完成洗澡。"预备——开始！"他飞快打开水龙头，有条不紊地淋湿、抹沐浴露、抹洗发水、冲洗泡沫……孩子会觉得很有意思，一边洗澡，还能一边玩游戏。不像之前，孩子洗澡总是边洗边玩水，被催着快快快，但是越是催促，孩子越是抗拒，反而更磨蹭了。然后睡觉又要晚了，明天又要起不来了，进而引发一连串的连锁效应。家长心力交瘁，孩子也苦不堪言。

2. 为孩子设定踮起脚尖就可以够得着的目标

一定要让孩子付出一些努力，并且能获得一点成就感。

比如，孩子穿衣服，就可以给孩子设置3分钟倒计时，在规定的时间内把衣服穿好。如果一开始就设置很短的时间，孩子很难完成，容易产生挫败感；但如果设置的时间过长，孩子完成得太轻松，又会觉得没挑战，不能促进孩子进步。所以，父母给孩子设定时间的标准是，孩子踮踮脚，努力一下

刚好能完成。

如果父母特别希望训练孩子某方面的技能，也可以逐步加大难度。比如刚开始设置3分钟倒计时，训练一段时间后，可以改成2分钟。孩子能力增强后接受更大的挑战，可以使孩子在正反馈中不断地进步。

小结与践行作业

小结：
1. 时间记录游戏，"无记录，不管理"。
2. 时间估算游戏，知道日常事项的用时。
3. 猜时间游戏，随时随地，游戏化感知时间，加强推理能力。

作业：

跟孩子一起玩时间记录游戏、时间估算游戏、猜时间游戏，把时间的概念融入日常生活及亲子游戏中，帮助孩子感知生活中的时间。

学员作业

学员作业（图4-4）：选择了孩子最喜欢做的事情 —— 闻花香、滑滑梯、读一个故事、看一集动画片，先猜了时间，然后去做。发现快5岁的小娃，玩估算游戏，全靠瞎猜。看他玩得不亦乐乎，应该是很喜欢这样的亲子游戏，果然玩才是孩子的天性，那么就先从生活中的玩乐和游戏开始认识时间吧！

图 4-4 日常事项卡片使用（学员作业）

帮助孩子快速认知时间的工具——创意时钟

在前面介绍了3个提高时间观察力的小游戏。本节将继续围绕如何在生活中加强孩子的时间观念这个话题，介绍一个非常简单且有效的工具——创意时钟。

主要有下面几个方面的内容：

1. 为什么在学校学习后，孩子依然不认识时钟，没有时间观念？
2. 帮助孩子快速认知时间的工具——创意时钟。
3. 让孩子更好掌握时钟的3款亲子游戏。
4. 一个让孩子按时做事的简单方法——制作创意时钟。

传统方法，无法让孩子真正认知时间

在传统的学校教育中，通常会使用以下两种方式来教授孩子认知时间概念。

方法1：通过语言描述讲授时间概念

用语言来描述时间，对孩子来说，是有一定理解难度的。因为孩子在8岁以后才会逐步建立逻辑思维，年龄小的孩子是以形象思维为主，所以老师用抽象的语言去形容抽象的概念，孩子就很难明白了。

汉语言文化博大精深，很多词语的意思一语双关。比如：昨天、今天、明天这3个词，它们既是指特定的时间，表示昨天、今天、明天，也有过去、现在和未来的意思，孩子很难理解这些意思。所以，用语言描述的方式来教授孩子时间概念，不是一个好的选择。

方法2：把时间概念作为一个数学知识

在小学数学课堂上，老师会把时间概念作为一个数学知识教授给孩子。在小学低年级的数学课本上，有专门的知识点，教孩子如何认识时间，理解时间。

通常情况下，老师会这么教孩子：

（1）时、分、秒，是60进制的。

（2）时、分、秒，公用复用刻度。

（3）分和秒在刻度"12"处归零。

这些对孩子来说，是非常难理解的，相信父母也深有体会。可是，通常孩子在学校学过之后，还是不太会看时钟，即便会看了，他们对于什么是时间，什么时间做什么事，还是不太清楚。

所以，建议一定要用生活化的形式，用最容易理解的方式，来教孩子认识时间。否则，只是"为教而教，为学而学"，不是结果导向的，孩子并不能真正掌握技能。如果你留意身边还会发现，很多孩子即便长大成人，对时间的感知力还是很弱的。

◐ 创意时钟，帮孩子快速认知时间

时间一天天过去，有时漫长难熬，有时又转瞬即逝。我们的生活，有时愉快幸福，有时悲伤惆怅。一天与一天不同，一日和一日有别。而每时每刻都提醒我们时间正在流逝的，便是时钟。

1. 传统圆盘时钟

有小朋友的家庭，建议一定要在墙上挂一个大大的挂钟，这样孩子能经常看到时间，对孩子的时间管理，有非常大的帮助。

建议选择常规的圆盘式的时钟（图4-5），不要选择数字显示的电子钟。虽然数字显示的电子钟，更容易读出时间，但是它不能体现出时间的延展性，不能帮助孩子认识到上一分钟和下一分钟的连续性，下一小时是上一小时的延续。

图 4-5 圆盘式时钟

2. 传统圆盘时钟的三大优势

（1）传统圆盘时钟上有数字和指针，指针的走动，代表时间的流逝，显示着现在、过去、未来之间的联系。

（2）可以把时间拆分，把秒积累成分钟，把分钟积累成小时。帮助理解单位时间之间的关系。

（3）直观视觉化的方式非常符合儿童思维发展规律。

2~7岁：具体形象思维。

7~11岁：从具体形象思维过渡到抽象思维。

11~18岁：从抽象思维过渡到逻辑思维（此时，仍有形象思维并存）。

心理学研究表明，孩子看传统的时钟，既能培养形象思维，也能培养抽象思维，有利于培养孩子的全脑思考。

传统时钟，我们每天要看很多次，但是呆板的数字、毫无美感的小格，总是让孩子提不起兴趣。所以建议家长们，可以在孩子的房间挂一个属于孩子自己的创意挂钟，这对孩子学习认读时钟非常有好处。

3. 让孩子秒认时钟的小口诀

我们经常看到的挂钟，表面显示有1到12的数字，代表小时，而分钟数则需要通过五进制的换算才能读出。这对幼儿园或者小学低年级的孩子来说，是非常难理解的。所以，家长们要做的，就是降低孩子的认知门槛，让孩子更容易认读挂钟，我们可以尝试改造时钟的数字。

（1）把挂钟上面表示分钟的数字，换成5~60的数值，贴在时钟上面，如图4-6这样，就可以让孩子轻松地读懂时间了。具体操作时，家长可以发挥想象力，用一些彩色的贴纸写数字，也可以下载模板，用不干胶纸打印，直接贴在时钟上。

图 4-6　圆盘式变形时钟

（2）引导孩子按照下面的小口诀，就能马上准确地读出现在的时间了，非常简单（图4-7）。

1.短短的时针指向___和___

2.其中较小的数是___（几点）

3.长长的分针指向___（几分）

4.所以现在是___点___分

图 4-7　圆盘式的时钟口诀

　　只要孩子认识数字，用这个方法，就能够快速且准确地读出时钟所显示的时间。孩子越早读懂时钟，就越有利于孩子认知时间。

　　家里有时钟，孩子能经常看见，在生活中加深印象，可以帮助孩子更容易学会认读时钟。家长们也可以在生活中调动孩子的积极性，比如，家长在厨房忙的时候，不方便出来看时间，就可以请孩子帮忙看看几点了。让孩子成为家里的时间播报员，这样一来，不知不觉中就增加了孩子在生活中使用时钟的场景。

⏰ 三款好玩的游戏，更好地掌握认读时钟，识别时间

下面将介绍三款好玩的游戏，可以帮助孩子反复练习，更好地掌握认读时钟，认知时间。

游戏1——拼图，掌握整点时刻

在这款游戏里，孩子要根据游戏底板上的9个时钟显示的时间，从小卡片中找出对应的数字时间拼图卡，放在对应的时钟位置上。只有9个整点时刻都认对了，才能拼出完整正确的拼图（图4-8）。

道具说明：游戏底板（印有指向整点时刻时钟）、小卡片（印有长颈鹿图案）。

游戏玩法：

（1）让孩子认一认游戏底板上的时钟时间。

（2）从打乱的小卡片中找出对应的数字时间。

（3）将小卡片上的数字时钟与游戏底板上的圆盘时钟一一对应，并将小卡片摆在游戏底板上，直到拼出完整的长颈鹿图案。

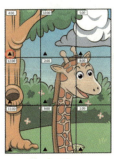
小卡片

游戏底板

图 4-8　时钟游戏拼图

我家孩子在上幼儿园的时候，玩过这个游戏，他非常感兴趣，一口气能拼出三张图。通过玩这个小游戏，他很轻松就掌握了识别整点时钟的方法。

注意事项：

（1）家长可以制作多套游戏模板给孩子玩。游戏底板和小卡片是一一匹配的，可以用各种符号做好标记，以免不同模板的卡片混淆在一起。

（2）如果家长和孩子一起制作游戏材料的话，需要留意，印有长颈鹿图案的模板卡片打印出来后，要剪切成小卡片，而印有很多时钟图案的游戏底板，打印后不需要剪裁。

游戏2——与时间赛跑，识别半点时刻

在这个游戏中，把整点时刻和半点时刻放到一起，主要让孩子练习半点时刻的认读。这是个两人对战游戏，家长可以和孩子一起玩，看谁的小车先占领跑道上的全部时钟，谁就赢得了比赛。

道具说明：跑道底板、汽车小卡片（2套）。

游戏玩法：

（1）制作两套跑道底板和小赛车卡片（图4-9a）。

图4-9a　与时间赛跑卡片

（2）两个玩家同时开始，把赛车放到跑道上，赛车上的数字时间与跑道上的时钟时间需要——对应（图4-9b）。

图4-9b　与时间赛跑

（3）先把所有的跑车都放上跑道，并且全部正确的，就赢得比赛。

赛车形式的对战游戏不是很常见，这个时候，可以让爸爸大显身手。分别打印两套跑道底板和小赛车卡片，一套孩子玩，一套爸爸玩。规则是用赛车卡片上的数字时间对应跑道上的时钟时间，并把全部的跑车——对应地放到跑道上，最终谁完成用时最短，谁就获胜。不愧是与时间赛跑的游戏，这个游戏对战性非常强，家长可以适当让着孩子，但是不要表现得太明显。孩子在好胜心的驱使下，会要求反复玩，这样在不知不觉中，就可以熟练识别半点时刻了。

游戏3——小小动物管理员，识别分钟时刻

这款游戏是帮助孩子认识分钟的。在这个游戏里，孩子要当小小动物管理员，按时给动物们喂食。只有正确识别时间，包括整点时刻、半点时刻、分钟时刻，才能准时给动物们喂食，当一名合格的动物管理员。有了小小动物管理员这个身份，孩子识别时间可是一分钟都不会差的（图4-10）。

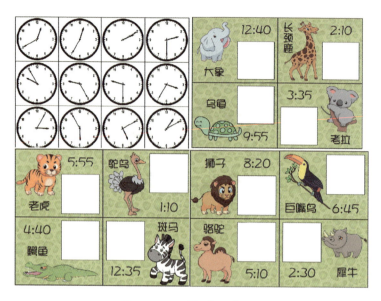

图 4-10　小动物管理员游戏

道具说明：钟表卡、动物卡。

游戏玩法：

（1）把动物卡平均分给两个玩家，扮演两位动物管理员。把钟表卡面朝下，放在桌子中间，两个动物管理员共用。

（2）通过"石头剪刀布"决定游戏先后顺序。

（3）管理员A翻开一张钟表卡，对照自己手中动物卡上的投喂时间，看看有没有跟这个钟表卡时间一致的。如果有一致的，就把这张钟表卡放在动物卡上面的方格里，表示这个动物已经被喂食了；如果没有一致的，这张钟表卡就留在原处。

（4）管理员B翻开一张钟表卡，或者从已经翻开的钟表卡中选一张，来给自己手里的动物喂食。

（5）两个玩家轮流进行，直到其中一个玩家把自己的动物都喂完，完成喂食工作，就赢得了比赛。

以上三款游戏，父母和孩子一起玩下来，孩子基本上就可以认读整点时刻、半点时刻、分钟时刻了。最后，刻意练习识别时钟时间的小口诀，帮助孩子轻松掌握识别时间的技能。

制作创意时钟：让孩子按时做事的简单方法

接下来要介绍一个工具——创意时钟（图4-11），它能让孩子清楚什么时间该做什么事情。这个创意时钟适合年龄大一些且已经基本识别时钟的孩子。

图 4-11　创意时钟

1.制作方法

按照下面3个步骤制作专属孩子的创意时钟：

第一步，打开挂钟的外壳把你和孩子一起制作好的"一日时间饼"，贴在时钟里面，就做成了一个属于孩子自己的独一无二的挂钟，如上图。

如果这个方法操作起来比较麻烦，你还可以把你和孩子一起制作好的

"一日时间饼"，沿着半径的方向，按照每个不同任务剪下来，分别贴在时钟表面。注意不要遮挡钟表的指针。

第二步，每个时间段都会有对应的计划安排，指针就在提示孩子该去做对应的事情了。

第三步，如此一来，孩子就会更加直观地看到，自己应该在什么时间段做什么事情，把时间概念和自己的行动结合起来。

经常做这样的练习，孩子就会把时间内化到习惯当中，培养出规律的生活习惯。

家长喜欢这种形式的挂钟吗？可以跟孩子好好商量下，把家里的挂钟升级一下。

2. 注意事项

（1）尽量让孩子参与动手制作。

（2）当孩子不愿意制作的时候，不要强迫孩子。

（3）画得好不好看不重要，只要孩子能看懂意思就可以，家长千万不要把自己的审美强加给孩子，让孩子感觉到被控制，久而久之产生逆反心理。

3. 两大好处

（1）有助于自律。创意时钟挂在房间里，家里所有人都能看明白，孩子什么时间应该做什么事情。即使妈妈不在家，家里其他成员也能对孩子进行适当的提醒，执行统一的标准，帮助孩子做时间管理。

（2）有助于提升动力。我们帮助孩子做时间管理，最终的目标是希望孩子能够知道他在什么时间段该做什么事情，并自觉执行。如果家长能和孩子一起动手制作，孩子会感觉到自己的意见也能被采纳，而不是一味地听从父母的安排，一般会非常乐意执行。

小结与践行作业

小结: 　1. 如何让孩子快速读懂时钟？——在时钟表面贴上换算后分钟的数字。

　　2. 如何帮助孩子识别整点、半点和一般时间？——拼图游戏、与时间赛跑游戏、小小动物管理员游戏和创意时钟。

　　3. 如何让孩子知道什么时间该做什么事情？——把"一日时间饼"里孩子的待办事项，贴到挂钟里。

作业:

　　思考你用过什么方法让孩子识别时间，利用配套素材和孩子一起制作一个创意时钟。

学员作业

　　学员作业1（图4-12）： 发动全家一起进行亲子活动，准备了一个传统的挂钟，把数字剪下来，贴在挂钟上，制作过程锻炼了孩子的动手能力。制作创意时钟，结合亲子游戏，提示孩子看时钟，帮助孩子直观地认识时钟，在玩中学会了看时间。孩子自己动手做的时间饼，不舍得剪开，直接摆在时钟上了。

图 4-12 a　创意时钟

图 4-12 b　创意时钟（学员作业 1）

　　提醒注意：这里的"一日时间饼"，需要剪下来贴在时钟上，这样就不会形成遮挡。

学员作业2（图4-13）：孩子一直很喜欢拼图，我们一起动手制作了好玩的时间拼图，只需要打印出来，一边玩拼图，一边识别时间，太好了，孩子特别兴奋，马上就玩起来了。

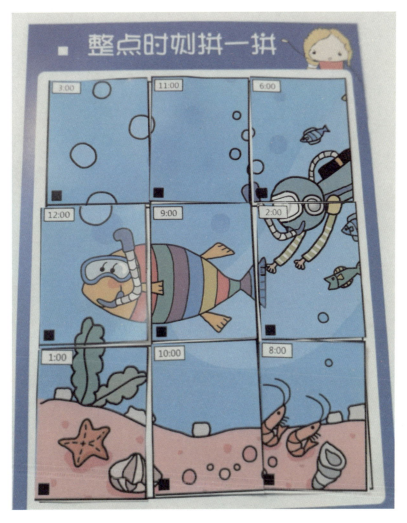

图4-13　时间拼图（学员作业2）

第 5 章

游戏化清单

清单那么多，如何驱动孩子自愿执行?

前面我们介绍了很多清单，包括"便签时间法""一日时间饼"、晨起清单、睡前清单、作业清单等。清单那么多，如何驱动孩子自愿执行? 父母又可以做什么呢? 答案是做好亲子沟通! 在孩子的时间管理中，良好的亲子沟通是最重要的保障。

下面将围绕亲子沟通，介绍3个部分的内容，帮助父母提高沟通能力，通过亲子沟通提高孩子的内驱力，使其主动完成时间管理，养成自律的好习惯。

1. 亲子沟通重要工具 —— 家庭会议导图清单模板。

2. 亲子沟通四大场景——加强亲子沟通，保障时间管理清单顺利执行。

3. 一招解决父母"忍不住爆发"——推荐"一停二录三听"的方法，构建和谐的沟通环境。

养成习惯 = 好玩的清单 + 良好的沟通

本以为学会时间管理，父母全身心地陪孩子一起制作清单，孩子就可以轻松学习，愉快玩耍了。但是，在践行过程中，父母可能会发现，孩子并没

有像预期一样，愉快且高效地照着清单执行，反而常常不愿意配合，不愿意执行，效果差强人意。

当孩子对游戏化清单的新鲜劲过去了，不听父母话的时候，很多父母的反应通常是带有情绪的："你为什么不做？你必须去做！"情绪管理比较好的、稍微冷静点的父母，可能会耐着性子和孩子讲道理："宝贝，妈妈都是为了你好，你学会了时间管理就有更多时间玩了。"可是往往收效甚微。

良好的亲子沟通，是提高孩子内驱力的最好方式。面对孩子，父母要做的第一件事情，就是处理好自己的负面情绪。放下情绪，尊重孩子，和孩子达成合作。有了良好的亲子沟通，孩子感受到被尊重，自然会更愿意配合家长，自觉执行各项清单内容；相反，如果亲子沟通做得不好，孩子就不愿意听从父母的安排，三天两头"罢工"，时间管理效果就会不理想。

良好的亲子沟通，可以让孩子知道，他为什么需要去做这件事情。给孩子权利的同时，明确告知他需要承担的责任。当执行中遇到困难时，孩子就会知道，他需要去面对困难，并且主动想办法去解决。

养成习惯=好玩的清单+良好的沟通，好玩的游戏化清单，加上亲子之间及时有效的和谐沟通，就可以将儿童时间管理持续做下去。

亲子沟通重要工具 —— 家庭会议导图清单模板

很多时候，经营家庭就像经营公司。当公司需要解决一个问题时，常常采用会议的方式，召集核心成员，直面问题，共同讨论决策。回到家里，任何一个积极向上、充满爱意的家庭，都不会任由问题像滚雪球一般越滚越大。同样，我们也推荐用家庭会议的方式来解决问题。

下面将介绍亲子沟通的一个重要工具——家庭会议导图清单模板，帮助父母和孩子在有主题、有仪式、轻松和谐的环境中进行有效沟通，解决问题。

1. 家庭会议的3个好处

（1）把控全局，有条不紊。在制定家庭会议清单时，父母已经提前考虑到了可能发生的问题，那么就可以根据清单上的程序，和孩子进行沟通。做到"兵来将挡，水来土掩"，帮助父母更好地做到平和而坚定。这样做往往能获得比较好的沟通效果，最终和孩子达成一致。

（2）聚焦主题。无论是亲子之间沟通还是夫妻之间沟通，都很容易陷入一个误区，就是沟通主题不聚焦。本来一件事情说得好好的，可是一旦某个点触怒了对方，就开始偏离沟通主题了。把过往一些不相干的事情也扯进来，作为情绪的发泄口，这时可能都忘了最初想要沟通的问题是什么了。而家庭会议清单，因为提前做过准备，并且写下来了，就可以帮助沟通双方就事论事，不跑题、不偏题，聚焦当下讨论的问题。

（3）保持冷静。人的情绪会传染，有时候父母容易被孩子的情绪牵着走，甚至被孩子的情绪引爆，最终导致家长情绪烦躁，甚至暴跳如雷。当孩子和父母意见不一致时，就容易发生冲突，孩子可能会顶嘴、闹脾气。当家长陪孩子写作业时，"亲妈秒变后妈"的场景随时上演，这都是家长们非常头疼的问题。

这个家庭会议清单，可以帮助家长们保持冷静，不带着情绪解决问题，而把问题放到家庭会议中，大家讨论解决。

2. 家庭会议导图清单模板

家庭会议导图清单（图5-1）是在和孩子对话之前，需要做的一些准备工作。一个好的家庭会议清单，通常包括以下6个部分。

（1）沟通准备：记录基本信息，留存回忆。

（2）互相感谢：每个成员对家庭其他成员，针对具体的行为和事件表示感谢。

（3）讨论议题：肯定优点，陈述事实，提出目标。

（4）解决难题：和孩子一起讨论、协商。

（5）达成一致：记录可行性方案。

（6）欢乐时光：用欢乐的活动收尾，给孩子建立正向联系。

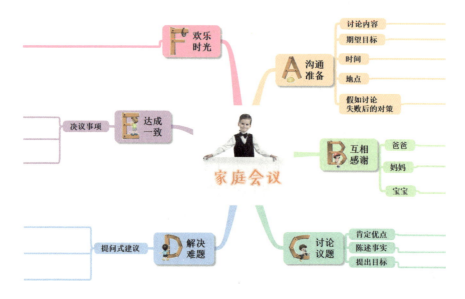

图 5-1　家庭会议导图清单

在和孩子沟通前，父母把接下来要和孩子沟通的主要内容、沟通流程，以及期待沟通达成的目标，全部都列出来。然后，再依照流程，和孩子进行有效的沟通交流，做到有迹可循，不忘初心。

3. 如何制定有效的家庭会议清单

既然家庭会议清单如此有用，那么具体如何制定呢？下面以"孩子晚饭后不想去洗澡"这个家庭中普遍存在的问题来举例说明，帮助家长们更直观地理解这个方法。

孩子晚饭后不想去洗澡，该怎么通过家庭会议清单沟通解决？

（1）沟通准备：明确问题点、期望、建议点、参与人、时间选择。首先，家长要明确解决的问题是什么，比如，这次针对的是孩子晚饭后不想去洗澡的问题。接下来，家长的期望是什么？有什么具体建议？可能是希望孩子晚上不要太拖延，尽量能早点洗澡，读读绘本故事，早点睡觉。然后，建议全家一起参与家庭会议，这也是难得的家人沟通的好机会。最后，尽量选择一个父母和孩子心情都比较愉悦的时间，人在放松的状态下比较容易听进去别人的建议。

（2）互相感谢：奠定稳定沟通情绪的基础。在正式的家庭会议开始之前，家庭成员之间互相表达感谢，可以使接下来的会议更顺畅，大家也更容易带着一颗平和、感恩的心参与会议。这时候，最好每位成员都要向参会的其他成员逐一表达感谢，比如，妈妈可以说，我要感谢爸爸，因为……；我要感谢儿子，因为……理由部分一定要是具体的行为或者事件，真诚地对此表示感谢，看见别人的付出并表达出来，会瞬间拉近彼此的心灵距离。

（3）讨论议题：陈述看到的事实，不要带情绪，更不要指责埋怨，可以提出希望达到的目标。比如，我会这样说："爸爸看到你晚饭后可开心了，上了一天学，终于可以回来玩你喜欢的乐高了。结果，一不留神，玩得太晚，耽误了洗澡的时间，也耽误了晚上和爸爸一起读绘本的时间。""我希望咱们每天能早点睡觉，因为这对你保持健康的身体和长高有好处。你不是想成为篮球运动员吗？没有身高优势可是很吃亏的哦！那我们一起来想想，有没有什么办法，能让我们每天晚上既能玩乐高，又能读绘本，还能早早地睡觉呢？"这时候，可以鼓励孩子表达自己的想法。我也会引导孩子减少空间的转换，比如可以吃完晚饭，休息一会儿后就去洗澡，然后把乐高玩具拿到卧室里玩，定个闹钟，等时间到了，就上床，讲故事睡觉。洗完澡，在卧室里进行游戏，可以帮助孩子更容易做上床睡觉的决策，因为不用脱衣服洗澡，也不用换一个房间，看起来没那么麻烦。

（4）解决难题：跟孩子一起讨论，商量解决办法，达成共识。和孩子讨论时，尽量用提问的方式，让孩子说出心里的想法。比如，父母可以问孩

子，你觉得有什么方法，可以让你既可以玩乐高，又可以早睡觉？如果孩子没有具体的想法，可以给出建议，但要注意，需要转换立场，换位思考，借用孩子的身份进行阐述。比如，父母可以说："假如我是你，吃完晚饭就去洗澡，洗完了就可以安心地在房间玩乐高，也不用一直被催着洗澡，打扰了兴致。你觉得呢？"父母帮助孩子说出有可能的选择，或者换成孩子的语气说话，把自己当成孩子和孩子沟通。然后再转换成大人的立场，自问自答，给孩子参考。父母可以尽量动作表情夸张，幽默搞笑些，这样孩子就更容易接受和参与进来。

（5）达成一致：父母和孩子双方在行动与目标上要达成一致。通过跟孩子一起讨论，已经初步达成了共识，这时候建议父母把跟孩子讨论的可行性的方案，记录下来。父母可以和孩子说："哇！我们已经想出了这么多方法啦！这一条是你提出来的，妈妈觉得真是太有创意了，我们把它记录下来吧！那你觉得我们刚刚讨论的建议里，还有哪条比较好呢？"最后，家长和孩子一起总结整理，把大家都认可的记录下来，就成了一份具体的可执行的清单了。

这种沟通方式，不仅对于年龄小的孩子有用，对于青春期的大孩子也同样适用。例如，遇到孩子长时间玩平板电脑的问题，也可以使用家庭会议清单的方法来解决。

4. 家庭会议清单背后的原理

家庭会议清单的背后有其逻辑和原理，父母们了解后就会知道它为什么有用，也可以帮助父母们更好地使用这个工具（图5-2）。

家庭会议可以从孩子现有的问题出发，在"沟通准备"阶段家长做好充分的沟通前准备，在"互相感谢"阶段所有家庭成员表达情感，营造和谐有爱的家庭氛围。在这种氛围下，成长中遇到的"问题"更容易被接纳和解决。

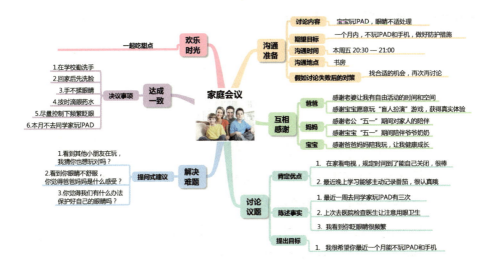

图 5-2　家庭会议导图清单案例

此外，还有以下几个原理：

（1）尊重孩子。孩子作为个体，对自己的行为有参与、选择和决定的权利，父母需要尊重孩子的权利。同时，孩子有权利就会有责任感。

（2）凡事有准备。在跟孩子沟通之前，父母需要把准备沟通的内容先写下来（这其实也是在帮助父母整理思路）。这个过程非常重要，能让后续的沟通过程做到有的放矢，防止因为跑题而导致沟通失败。

（3）目标导向，省心省力。在家庭会议中父母和孩子协商，就接下来的行动以及行动失败后的预后方案达成一致。未来在践行过程中，如果出现了问题，家庭成员就知道该如何应对，而不会因为无准备而造成情绪大战。即使预后方案没有效果，父母和孩子也很容易达成共识，大家可以继续讨论，方法总比问题多。

（4）说出我心，良性循环。通过和孩子沟通，让孩子说出心里的想法和感受。其实就是通过语言的力量，帮助孩子梳理大脑里面的想法，并且对孩子的想法和感受予以肯定，多给孩子正向的反馈和激励。孩子会觉得，我是

被认可的，我是重要的，我是好的。这样，孩子会更努力、更积极地参与行动计划。

促进亲子关系的四大沟通场景

在实际生活中，家长们会发现，想和孩子沟通，却不会提问；遇到问题时，又不会和孩子沟通，该怎么办呢？

下面将介绍促进亲子关系的四大沟通场景，每个场景都给出了具体的话术参考，帮助父母和孩子加强亲子沟通，促进亲子关系。

在正式介绍之前，先讲一个真实的案例。

有个小男孩和妈妈站在秋千旁边说着话，不知道什么原因，小男孩哭了起来。只听到男孩的妈妈说："哭哭哭，就知道哭！你不会说吗？哭有用吗？"小男孩一言不发，只是一个劲地哭。妈妈终于不耐烦了，问他："还荡不荡秋千了？"小男孩委屈地点点头。可是小男孩个头太小，自己上不去，妈妈又开始唠叨："你怎么这么笨啊？人家小妹妹都能自己上去，你上不去吗？"说着，就带着怒气准备把小男孩抱上秋千。结果小男孩被绊了一跤，把脚扭了，这下哭得更厉害了。最后，小男孩没有玩成秋千，哭着被妈妈拉走了。走的时候，妈妈嘴里还嘀咕着："在幼儿园也总是被欺负，真没用！"

这是个让人心痛的案例。这位妈妈选择了一种糟糕的解决问题的方式——对孩子发火，训斥孩子。结果反而使孩子离家长期望的样子越来越远。

上面这个案例中的场景，也是日常生活中十分常见的。错误是最好的学习机会。家长掌握了正确的场景沟通法，坚持践行下去，相信父母和孩子都会有意想不到的收获。

场景一：当孩子遇到挫折时

当孩子把饭菜撒在地上，不知道怎么收拾时；当孩子在玩积木拼搭城堡，总是拼不好，要发脾气时；当孩子遇到难题，不知所措时……孩子有可能会特别懊恼、泄气，甚至有可能会发脾气，很多家长看到孩子这样，自己也跟着上火，责怪孩子"这么点小事有什么好哭的！"。这个时候，家长别发火，也别责怪孩子，试试用下面5个句式来和孩子沟通，帮助孩子从失败中找到积极的方面，激发孩子主动思考，引导孩子自己想办法。这对孩子将来的学习、工作和生活都会大有好处。

这5个句式是：

（1）我们一起想一想，我相信你一定可以想出好办法。

（2）这个情况，我们第一步可以做什么呢？

（3）需要我和你一起想办法吗？

（4）你觉得现在怎么做才好？你有什么好办法？

（5）你刚才说的办法不错，还有其他办法吗？

场景二：当孩子耍赖，不守规则时

当孩子晚上刷牙之后还要吃东西时；到了关电视的时间还要继续看时；当给孩子讲睡前绘本，讲完一本还要再来一本时……作为家长，脾气再好的你也要爆发了吧？刚爆发完，负罪感就来袭，有时看着熟睡的天使，常常问自己：我这到底是怎么了？为什么我变成了最不喜欢的自己？

俗话说："没有规矩不成方圆。"可是，立了规矩之后，怎么才能让孩子乐于接受并积极执行呢？是现在孩子"太难管"了，还是父母"不会说"呢？

家长们可以参照下面5个常用语句，正面强化规则，避免大吼大叫，让孩子懂得父母温柔而有原则的爱。早一点让孩子明白遵守规则的重要性，孩子才能在他的人生道路上少走一些弯路。

（1）关于看电视，我们之间商量好的规则你还记得吗？

（2）我希望我们能够一起遵守我们的约定。

（3）如果刷完牙还吃东西，你觉得有什么结果？

（4）先把电视关了，这样我们就可以进行睡前故事了。

（5）我们今天约定只讲2本绘本，这是第2本。

场景三：当孩子执拗、不配合时

当孩子不肯关电视，不肯写作业时；当孩子在游乐场里，怎么都不肯回家时……家长不要对孩子发脾气，因为发脾气通常只能管得了一时，下次孩子继续不配合。可以试着用有限选择来引导孩子，给孩子和自己留一点缓冲的余地。

孩子有时执拗、倔强、不配合家长，很大程度上，是因为家长的强硬态度激起了孩子的反抗情绪。在家长和孩子双方都能接受的前提下，给孩子一些有限选择的引导。有了缓冲的余地，父母和孩子之间的冲突就会少很多。并且，如果孩子学会了使用这种方式处理问题，他在学校里就能避免和别人发生不必要的冲突，也能游刃有余地处理各种人际关系。

（1）我们先做作业再下楼玩，你觉得可以吗？

（2）如果先玩再做作业，你觉得会有问题吗？

（3）你是希望我帮你做，还是你自己来？

（4）你认为这样做好，还是那样做好？

（5）你希望我这样帮你，还是那样帮你？

场景四：当孩子的愿望不能达成时

孩子在别人家看到自己喜欢的东西，就想带回家，不给就哭闹或很委屈；一点小事，就会和小伙伴吵架，甚至扬言再也不和对方做好朋友了。家长通常一着急，就会命令孩子，或者讲大道理，但往往收效甚微。这时候，父母们首先要有同理心，接纳孩子的感受，然后引导孩子学会换位思考，体谅别人的感受。可以试着用下面5个同理心句型引导孩子，多跟孩子表达我们的感受，同时去问孩子的感受。

教会孩子表达自己的感受，培养孩子的同理心，让孩子学会换位思考，学会体谅别人，懂得为他人着想。

5个常用同理心句型，帮助你养育换位思考的"暖宝宝"。

（1）你现在感受到的情绪是什么？可以和我说说吗？

（2）如果别人也用这样的方式对你，你会有什么感受？

（3）你猜猜他现在内心的感受是什么，高兴还是悲伤？

（4）他这样做让你很生气，我能理解，我也有同样的感受。

（5）如果小猪佩奇现在也在这里，你猜她现在是什么心情？

1.句式太多记不住，怎么办

前面介绍了促进亲子关系的四大沟通场景，合计20个句式，都是日常生活中我们和孩子说得最多的话。你会发现，有时候，只是改变一下句式和语气，对方听起来的感觉就会完全不一样，所带来的结果也会截然不同。

想要孩子越来越优秀，父母就从改变自己的沟通方式开始吧！想让孩子成为什么样的人，家长自己首先应该成为这样的人。

上面句型太多记不住怎么办？这里介绍两个方法给你。

（1）手机备忘录法。家长们刚接触新的和孩子沟通的句式，肯定会不适应，也会记不住，这很正常。当然，希望孩子改变，前提是家长要改变，所以，就让我们努力在前吧！

我们可以把上面四大沟通场景中的句式输入我们的手机备忘录，或者打印出来随身携带，在等车的时候、工作的间隙、休息的时候，都可以拿出来读一读。生活中如果遇到类似的场景，家长们学以致用的时候就到了，尽量用我们建议的句式和孩子沟通。当然也可以降低难度，每种场景只记住一个

句式，反复使用，直到能脱口而出，代替原来的说话方式。

（2）朋友圈分享。把以上四大场景的沟通方法做成知识卡片，发到朋友圈留存，需要使用时，马上翻出来看一下。分享知识卡片，也在为朋友圈的朋友们创造价值，同时还塑造了自己好父母的形象，一举多得。

2.书单推荐，助力成为正面管教好父母

如果想要学习更多具体的案例，可以阅读下面所列图书，助力你成为平和而坚定、有爱又有原则的好父母。

《如何说，孩子才会听，怎么听，孩子才肯说》—— 如何和孩子沟通。

《解放父母，解放孩子》——营造家庭快乐氛围的沟通案例。

《正面管教》—— 如何管教而不是惩罚孩子，以及详细了解正面管教家庭会议。

《不吼不叫》——控制不住自己情绪的父母，如何做到不吼不叫。

⏰ 一招解决父母"忍不住爆发"

有的父母可能会说，道理方法我也懂，但有时就是会忍不住爆发。这个时候，父母要告诉自己："我们都是必死的凡人。"我们不是无所不能的神，不是一学就会的神。我们是肉体凡身，有感情、有情绪，再正常不过。不要过度自责，没有情绪才不正常。到底要如何做呢？

1.接纳自己的感受

心理学研究表明：自责、自我攻击会让我们逃避寻找解决问题的办法。有时候，自责反而更容易，因为可以逃避寻找解决方案的责任。

育儿先育己，对自己宽容了，才更容易对孩子宽容。接纳自己的感受，

接纳自己的不完美，然后寻找办法，让下一次比这次更好，这就是完美的过程。让我们为自己和孩子创造和谐友爱的家庭环境，一起成长！

2. 对孩子发脾气，问题可能出在自己身上

如果实在没忍住，对孩子发脾气了，怎么办？很多父母反映，我跟孩子说话，可是他怎么都不肯听我的，真是着急！

这个时候，我们需要冷静下来，问题很可能并不在孩子的身上，而在家长自己身上，可我们却没有发现。

（1）发现问题。怎么做才能发现我们自身的问题呢？给大家介绍1个简单有效的方法："一停二录三听"。

"一停"：回应孩子的时候，先暂停，倒数十秒，再做回复。让孩子把话说完，这样一来，家长就可以更清晰地了解孩子的问题，而不是武断地脱口而出下结论。

"二录"：当自己和孩子对话的时候，用手机录音，这个非常重要。

"三听"：有空的时候，听一听和孩子的对话录音，在听的过程中，重点回忆：这些是不是我们真正想要表达的内容？孩子听了又是什么样的反应？为什么我们想要表达的和孩子接收到的不一样？有哪些话可以换个方式说？

（2）解决问题。推荐使用复盘利器 —— 云笔记软件。

以上"一停二录三听"的方法，坚持一段时间，我们就很容易发现问题在哪里了。如果用文字记录下来，效果会更好。

现在可以帮助书写记录的APP有很多，推荐云笔记软件（图5-3），比如有道云笔记或者印象笔记等，它们含有语音笔记功能，可以自动记录语音，并转换为文字，这样需要复盘时，就非常方便了。

图 5-3　复盘利器——云笔记软件

在带领学员践行的过程中，我收到过很多家长的反馈，说这个方法很好用。比如有位妈妈说，她以前都没意识到，自己是这样跟孩子讲话的。现在听见自己说过的话，才明白孩子为什么不听话。

这就是记录的力量，记录可以直观、清晰地帮我们找到问题的症结所在。结合上面的家庭会议导图清单、四大沟通场景，相信家长们和孩子的沟通会越来越顺畅。

3.注意事项

（1）使用清单之前，一定要跟孩子做愉快的沟通。讲清楚为什么要这么做，防止孩子产生抵触心理。要让孩子知道，这么做是父母为了自我提升，学会运用更好的沟通方法，而不是为了抓住他的"小辫子"。

（2）关于录音，如果之前没有跟孩子做过录音，刚开始孩子可能会排斥。可以先跟孩子一起录制一些好玩的愉快的内容。比如，我每天会和孩子一起读绘本、读国学、讲故事，录下来再回听。让孩子参与进来，他会觉得很有意思，并且对此产生兴趣，最终可以把这种方式作为家庭生活中的日常行为。将来再录制发脾气现场时，父母和孩子都不会觉得很突兀而感到排斥了。

（3）关于录音，还有一个难点，就是心理卡点。处在不良情绪里的你，可能会极度不愿意做这件事情。但是，你一定要知道，录音的目的是为了帮助孩子解决问题，而尝试的新方法。刚开始，可以给自己定个小目标，比如一天录音一次。慢慢地，当你发现自己原来是这么说话的，有了初次体验后，再逐步增加录音频率。当你发现问题出在自己身上后，就要积极面对问题，注意自己与孩子沟通时的语气、神态和措辞，最终解决问题。

小结与践行作业

小结：
　　1. 如何正确激发孩子的积极性？——使用家庭会议导图清单模版，和孩子做良性沟通。

　　2. 四大日常沟通场景常用话术，促进亲子沟通。

　　3. 一招解决父母"忍不住爆发"——"一停二录三听"，给自己和孩子的对话进行录音，调整自己的沟通状态。

作业：
　　使用本书介绍的家庭会议模板，针对亲子养育中的实际问题，召开一次家庭会议，并做好记录。

学员作业

　　学员作业1（图5-4）：需要沟通的问题是，怎么达成一致并减少孩子看电子设备的时长和频率？希望达成的目标：每天看电子设备的时间不超过30分钟。实际沟通达成的目标：每次看视频不超过5个，总时长不超过20分钟。

家庭会议

沟通准备

❶ 提前准备

讨论内容：看电子设备太多，眼睛不舒服
希望目标：每天看电子设备时间不超过30分钟
时间\地点：本周六 19:00-20:00,客厅
失败对策：找合适的时候再次进行讨论

互相感谢

❶ 妈妈感谢

谢谢姥姥对全家人的照顾，让我可以安心工作
谢谢宝宝帮姥姥干活照顾姥姥，每天给我惊喜

❷ 姥姥感谢

谢谢宝宝这么懂事、听话
谢谢女儿按摩腿部，腿疼好了很多

❸ 宝宝感谢

谢谢妈妈给我买组合变形车玩具
谢谢姥姥经常为我做我最喜欢吃的煎饼

讨论议题

❶ 肯定优点

最近每天都看书和运动，很棒；老师也表扬你的运动能力很强
帮姥姥找东西，眼睛很好使，是我们家的小侦探

❷ 陈述事实　最近每天看奥特曼视频超过30分钟，总是揉眼睛

❸ 提出目标　每天电子设备使用时间不超过30分钟

解决难题

你看到别的小朋友都在玩奥特曼，你也想玩想了解，对吗？

看到你眼睛不舒服，你觉得妈妈姥姥是什么感受？

你觉得我们有什么办法可以保护好自己的眼睛呢？

达成一致

每次看视频不超过5个，最多不超过20分钟

全家每周至少3次户外

图5-4　家庭会议（学员作业1）

学员作业2（图5-5）：需要沟通的问题是孩子一言不合就发脾气的问题。希望达成的目标：3天不发脾气。实际沟通达成的目标：意见不合可以发表观点，但是不可以发脾气。和家人相处、玩游戏不发脾气。

嘟嘟宝贝的家庭会议

提前准备

讨论内容：孩子喜欢用哭解决问题，一言不合就哭鼻子

希望目标：从生活中的起床/刷牙/吃饭开始，先沟通解决问题，再处理情绪，做到这3件事不哭

时间地点：周六下午16:00，客厅

失败对策：找机会重新再沟通达成一致

互相感谢

爸爸感谢 ┬ 谢谢宝宝，在爸爸打电话时保持安静
　　　　└ 谢谢老婆，承担了照顾孩子的全部责任，让我可以不分心工作

妈妈感谢 ┬ 感谢老公，为家庭辛苦工作，感谢老公早上叫我们起床
　　　　└ 谢谢宝宝，发现妈妈不舒服，让妈妈坐下，帮妈妈提包

宝宝感谢 ┬ 谢谢妈妈，每天陪我玩，陪我学习
　　　　└ 谢谢爸爸，陪我玩游戏

讨论议题

肯定优点 ┬ 帮妈妈解决问题的得力小帮手：今天帮妈妈晒衣服了
　　　　└ 自己解决问题：自己的神器你给自己做，收拾餐具，餐桌子，扫地

陈述事实 ┬ 晚饭前，妈妈提醒宝贝，玩耍的时间到了，该吃饭了
　　　　│ 宝贝一直哭，既没有玩到，也没有来吃饭
　　　　├ 睡觉的时间到了，但是一直在玩小汽车，爸爸提醒宝贝去刷牙
　　　　└ 宝贝开始哭，不愿意刷牙

提出目标：起床不哭闹、早晚刷牙不哭闹、吃饭时间不哭闹

解决难题——提问式建议

在学校里，宝贝的朋友们是不是经常发脾气？

如果好朋友老是冲你发脾气，你会愿意继续和他一起玩吗？

如果你好好跟妈妈说话，但是妈妈凶了你，你是什么感受？

达成一致

决议事项 ┬ 1 妈妈提前5分钟告知吃饭时间，让宝宝多出5分钟整理好玩具+沟通处理情绪
　　　　├ 2 早上闹钟提前10分钟，让宝贝缓一缓，爸爸抱抱宝贝，宝贝早上起床不哭闹
　　　　└ 3 换汽车造型牙刷和橙子味牙膏，刷牙前放汪汪队儿歌，早晚刷牙不哭闹

欢乐时光：一起玩太空游戏，一起吃甜点

图5-5　家庭会议（学员作业2）

终极神器积分表，让孩子养成好习惯

在前面我们介绍了亲子沟通的重要工具——高效家庭会议导图清单、四大场景沟通模板和"一停二录三听"的方法。

在"双减"政策的影响下，家长们越来越关注孩子的学习习惯与生活习惯。那么，如何让孩子同时改掉多个坏习惯，并且让孩子有持续的行动力？下面我们将围绕如何养成好习惯介绍以下几点内容，助力孩子养成好习惯。

1. 孩子的习惯是如何养成的？

2. 巧用积分表，助力孩子养成好习惯。

3. 如何使用积分表？

孩子的习惯是如何养成的？

想要养成一个新习惯，或者改掉一个旧习惯，都需要经历一定的过程。通常，我们把这个过程分为4个阶段：习惯导入、刻意重复、自觉行为和自动行为。了解了不同阶段的特点，能够更好地帮助孩子养成一个新的习惯。

（1）习惯导入。在前面我们和大家一起制作的所有清单都是习惯导入。

它可以帮助我们制定准确、清晰、具体的目标，启动时间管理。

（2）刻意重复。研究表明，人们80%的行为会受过去旧习惯的影响。在新习惯养成的初期，我们常常被强大的旧习惯控制，导致新的习惯无法顺利执行，所以我们需要刻意重复新的行为直到形成新的习惯。那么刻意重复哪些行为呢？在前面的章节中，我们讲到了"便签时间法""一日时间饼"、晨起清单、睡前清单、作业清单以及家庭会议清单等，这些清单的内容都可以被刻意重复。清单不仅是和孩子一起做手工，还是我们管理时间的实操工具！

（3）自觉行为。当你和孩子完成游戏化清单后，如果孩子问你："妈妈，现在我们该做什么事了呢？"这就表示孩子已经开始尝试按照清单内容完成事项了。

（4）自动行为。在家长的引导下，孩子持续执行某个游戏化清单的内容。随着时间的推移，孩子会逐渐内化这个习惯，自动执行清单内容，这时就不需要这份清单了。就像我们大人，一般不需要列一个洗脸、刷牙的晨起清单，孩子也是一样，一旦一件事情如吃饭、睡觉一样变成了长期习惯，也就不需要列清单了。从本质上来讲，清单是帮助孩子养成习惯用的。

关于习惯养成如果您还想了解更多，推荐阅读图书《如何改变习惯》，作者斯科特·扬拥有惊人的学习天赋，他仅用1年时间就学完4年制计算机科学课程，经营着世界访问量巨大的学习类博客，并登上TEDx演讲台，向世界宣讲自己的超效率经验。这本书把改变习惯当成一项可以学习和量化的技能，分享了大量有针对性的行动策略，提供了一个30天计划提高成功率，帮助大多数人减少痛苦，让你知道方法比努力更重要。

巧用积分表，助力孩子养成好习惯

在快节奏的现代生活中，我们常常追求"高效快捷"，但是，在培养孩

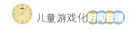

子养成好习惯这件事情上，我们需要给予孩子更多的耐心。因为习惯的养成是一个慢过程，就像毛毛虫变成蝴蝶，需要很长的时间和不断的努力。

为了帮助孩子养成好习惯，再给大家介绍一个实用的工具——积分表。它可以帮助父母和孩子通过数字化、可视化的方式，及时且具体跟进习惯的养成过程。

1. 使用积分表的好处

（1）反馈及时。选择使用积分表不仅可以给予孩子及时的反馈，还能促进亲子沟通，帮助家长及时了解孩子的真实情况，帮助孩子攻克难关，树立自信。

（2）好差明了。积分表记录着每个行为的分值，孩子和家长都能清晰地知晓清单执行过程中做的好与差的部分，可以提升孩子的内驱力，想办法让做的差的那部分变得更好。

（3）不易遗漏。通过每天的持续记录，慢慢形成习惯，家长和孩子都不会出现忘记事项的情况。

2. 对使用积分表的误解

经常有家长朋友问我："我家孩子用这个积分表的作用不是很大，这个方法是不是不好用？"我就问："你们用了多久了？"她说："都已经用了3天了。"

这里有个非常重要的点，就是孩子的习惯养成，离不开家长的耐心和坚持。所以要特别提醒家长朋友们，孩子的坏习惯也不是两三天形成的，所以也不可能通过两三天就改变坏习惯，养成好习惯。家长们要多给孩子一些时间和耐心，至少坚持1个月，再回顾和复盘。

还有一些家长，对于使用积分表持有不同的观点。他们认为使用积分表会对孩子有不好的影响，比如会让孩子太功利，为了奖励而去做事情等。

其实，家长们不用担心，因为积分表只是一个工具。和"工具"本身相比，"如何使用工具"才更为重要。任何一种教育方式和教育工具，都有利有弊。比如夸奖，如果不能针对孩子的具体努力给出具体夸奖，也会对孩子造成伤害。比如菜刀，在杀人犯的手上是凶器，但是在厨师手里却是制作美味佳肴的必备工具。刀还是那把刀，关键看如何使用。

3. 积分表适用对象

（1）大班至小学段的孩子，即6~12岁的孩子。积分表对孩子的数学计算有一定的要求，如果孩子的计算能力不足，就需要家长适当协助，家长就当顺便学习数学了。

（2）同时执行两个以上清单的情况。这种情况下，使用积分表可以更清晰地记录不同清单的执行情况，也能更清楚地了解孩子执行不同清单时的表现。

如果你的孩子只有3~5岁，那么可以暂时不用积分表，只要一段时间执行好一个单独的清单就可以。

如何使用积分表?

积分表由两部分组成：积分记录表和积分规则表（图5-6）。积分记录表，是每一天记录积分的表格；积分规则表，是说明积分如何进行计算的规则。

1. 积分记录表

图 5-6 a　积分记录表（男孩版）

这张变形金刚的积分记录表比较适合男孩子，如果是女孩子，可以选择粉色系的图案。

图 5-6 b　积分记录表（女孩版）

以上是常用的积分记录表样式。下面分别介绍积分表中的6个主要部分：

（1）左边第一列：从周一到周日的时间。以1周为1个记录周期，建议将周六设置为起始时间，周五设置为截止时间。因为对于学龄期的孩子，我们设置的奖励一般是零花钱，其不仅方便积分兑换，对孩子的财商启蒙也有很好的帮助。对于幼儿园的孩子，我们可以把零花钱替换为自由玩耍或者户外运动的奖励。

如果在周五晚上截止并进行积分统计的话，孩子就可以在周末拿到这一周的奖励，去购买自己喜欢的东西，或者在周末和父母一起进行户外运动等。而如果是在周日晚上统计并兑换积分，即使换了零花钱，周一就开始上学，也没有时间去花零用钱了。

（2）最上面一栏的积分项目：日常项目。父母根据孩子日常的实际情况，为孩子制定对应的积分项目，但必须包括最重要的3个项目：晨起、做作业和睡前清单。这是最基础的生活习惯，需要孩子每天都执行。如果孩子在上幼儿园，可以替换成晨起、运动和睡前清单。

（3）最上面一栏的空白积分项目：其他重要项目。根据孩子的兴趣爱好和日常空余时间，和孩子沟通一些重要的项目，例如阅读、弹钢琴等，与孩子达成一致后，都可以添加。

（4）最上面一栏的附加积分。附加积分指的是孩子额外做得很棒的事，可以获得附加积分。它可以是做家务，比如洗碗、拖地、倒垃圾等；也可以是计划外的学习，比如写了一篇作文，多背诵了一篇文章等。

（5）最上面一栏的积分使用情况。这里是指把积分兑换成奖励的记录。如果给孩子的奖励是零花钱，每1元对应1个积分，那么孩子当天使用一定金额的零花钱后，则在"积分使用"栏进行记录，并扣除对应的积分。如果给孩子的奖励是玩耍或者户外运动的时间，也是一样操作。

（6）最上面一栏的合计积分。每日合计积分=日常项目积分+其他重要项目积分+额外获得的积分-当日使用的积分。每日汇总，及时更新，清晰明

了，这样孩子就能为第2天的表现定下目标了。

2. 积分规则表

积分记录表要想发挥作用，还需要搭配合理的积分规则。设置合理的积分规则，是积分表使用的关键，能够帮助我们用好这个工具。

积分规则表包括一系列规则，如基础积分设置、满分设置、积分使用规则、惩罚积分规则、附加积分规则、积分特权卡等。下面我们将详细介绍它的使用方法。

3. 轻松使用积分表的方法

很多家长不能持续给孩子做积分记录，其中有个重要的原因，就是无法坚持每周准备一张新的积分纪录表。这里介绍两种可以轻松使用积分记录表的方法，帮助家长们更好地坚持。

第1种方法：将积分表装进透明文件袋里，每天记录积分的时候，只需用油性笔在文件袋上书写记录。当积分表记录满了，只要把文件袋擦干净，又可以重复使用了。这样循环使用，就不用每周都准备新的积分记录表了。

第2种方法：可以直接购买现成的儿童周计划积分记录表。在网上搜索关键词"积分表""计划表""习惯表"等，都可以找到。建议根据孩子的实际情况，选择孩子适合且喜欢的模板，这样孩子会像穿了一件喜欢的衣服一样，开心一整天。

积分表使用的关键——合理制定积分规则

合理的积分规则，除了可以培养孩子的数理能力和金钱意识，还有以下几个关键点。

（1）积分规则务必合理。合理的积分规则是孩子持续行动的关键，规则设计得好，孩子就有自愿执行的内驱力；不合理的积分规则是阻碍孩子进步的绊脚石，即使看起来再美，最终也将成为父母的"一厢情愿"。

（2）增强孩子的自控力。通过使用积分表可以让孩子知道：要想获得更多的自由时间，需要积攒更多的积分。因为积分越多，自主选择的余地就越大，这样能帮助孩子增强自控力。

（3）促进亲子信任，发现孩子的闪光点。每一次规则的建立，一定要在家长和孩子间相互沟通、相互尊重的基础上完成。很多时候不是孩子做不到，而是家长不信任孩子。通过每天记录积分表，可以增近亲子沟通，同时促进亲子信任，而孩子的持续执行也可以让父母发现孩子的闪光点。

1. 基础积分的获取

如果你经常到超市采购物品，就会发现超市常举办一些活动拉动客流量。当你经过超市时，促销员会送你一张卡。假如卡里面一点积分都没有，你可能随手就把这张卡扔了，但是如果促销员告诉你，积分卡里面已经有30个积分，你只需要攒够100个积分，就可以兑换大礼包了。这个时候，你会不会觉得，如果不用这个积分卡就等于浪费了30个积分呢？

其实大部分人有这样的心态，只要卡里有积分，就会不自觉地积攒更多的积分。购物网站的返利积分都是用的这个原理，即使你知道这个是套路，但你还是会心甘情愿地被套住，这就是人性。

我们也可以正确地使用这些"套路"，使其对孩子产生正向的影响。我们在给孩子设立积分规则时，也可以利用基础积分这个"套路"。在一定条件下，让孩子可以很轻松地获得基础积分，让孩子觉得他每天都能得到积分。如果表现不好，就是在浪费赚积分的机会；而为了能用上这些积分，他就会努力完成清单上的事项，从而积攒更多的积分（表5-1）。

表 5-1　基础积分表

清单	开始时间	结束时间	基本积分（分）	满分（分）	说明：家长提醒、催促完成的每项得1分 准时、自觉完成的每项得2分 作业正确率高，奖励2分
晨起清单	7:00	7:30	5	10	
写作业清单	19:00	20:00	6	12	
睡前清单	20:30	21:00	6	12	

比如，第1个项目，晨起清单。我们可以列出清单执行的具体时间段，孩子只要在这个时间段内完成清单上所有的项目，就可以获得基础积分。不管孩子是自愿完成，还是在提醒催促下才完成的，只要完成1项就得到1分。晨起的8个项目——起床、上厕所、刷牙、洗脸、吃早餐、换衣服、穿鞋子、带好书包水壶全部完成，就有8个积分了，即使孩子没有全部完成，也能拿到4~6个积分，这就是基础积分。

家长们千万不要小看这个基础积分，对孩子来说，它是非常有推动作用的。因为每一天他都能积攒一些积分，有了这些基础积分，他就会想得到更多的积分，这就是经济学中的沉没成本，投入得越多越舍不得放弃。

2. 如何获得满分积分？

在基础积分的表格里面，有一个"满分"项。这里提到的满分，是指基础积分2倍的"满分"。如果孩子主动自觉地完成全部项目，并且时间准时，那么他就可以获得"满分"，也就是每项都得2分。

例如，晨起清单的5个行动，本来1个行动得1分，总分5分，但是只要孩子自觉在规定时间内准时完成，就能获得10分。

这样设置是为了鼓励孩子全部执行到位。虽然用了外力驱动，但孩子一旦体验到自律带来自由的甜头，就会形成习惯。

使用这种奖励方式的清单包括：晨起清单、写作业清单、睡前清单。其他的，你认为重要的，或者希望孩子做到的行为（如阅读、背单词等），都可以用这个方法。家长可以根据自己家的情况灵活调整。

3. 附加积分的获得

　　附加积分，是孩子在主动完成所列事件以外的奖励，建议可以和孩子探讨沟通，明确后再列上去。这样一来，孩子心里会有动力，更能促进孩子的自主性（图5-7）。

<table>
<tr><th>事件</th><th>基本积分</th><th>满分</th></tr>
<tr><td>饭前准备清单</td><td>5</td><td>10</td></tr>
<tr><td>洗完清单</td><td>10</td><td>20</td></tr>
<tr><td>倒垃圾</td><td>2</td><td>4</td></tr>
<tr><td>收拾房间清单</td><td>10</td><td>20</td></tr>
<tr><td>分、收衣服</td><td>5</td><td>10</td></tr>
<tr><td>洗内裤袜子</td><td></td><td>10</td></tr>
<tr><td>收拾大厅</td><td>5</td><td>10</td></tr>
</table>

图 5-7　附加积分表

4. 积分使用

表 5-2　基础积分表

事件	消耗积分	可用时长/频率	备注
看电视	15	20分钟	定时器计时，超过时间扣除1积分/分钟
去游乐场	30	一次	每次游玩时间不超过3小时，超过时间扣除10积分/半小时
玩游戏	15	20分钟	定时器计时，超过时间扣除1积分/分钟

　　这个表格（表5-2），就是积分使用情况明细，家长们可以根据实际情况增减项目。

　　当我们想限制孩子做一些事情时，如看电视、玩游戏等，最好不要直接禁止孩子，因为家长越禁止，孩子越想玩，得不到的更有吸引力。堵不如疏，我们可以利用积分表记录孩子的积分使用情况，玩游戏、玩手机、玩平板、看电视都是被允许的，但是需要通过积分来兑换使用权和使用时间。

　　为什么要这么做呢？因为孩子每天都有积累的积分，那是他辛辛苦苦做好每一件事才得到的奖励，他现在玩手机、玩游戏、看电视都需要消耗之前积累的积分，他在玩之前，就会思考：我是现在兑换玩游戏，然后再努力积攒更多的积分，还是先不兑换玩游戏，改在周末兑换更多的零花钱，然后买自己喜欢的东西？这样一来，既给了孩子玩手机、玩游戏、看电视的权限，又不至于担心玩得过多，反而可以转化为孩子执行清单赚取更多积分的动力了。这样做比家长对孩子强行限制要有效得多，同时还有助于保持良好的亲子关系。

5. 需要谨慎使用的惩罚积分规则

　　我一直都不太提倡惩罚，因为惩罚不能带来正面引导，强化正确行为。所以制定惩罚积分规则的时候，需要特别注意，只需要列出一些你实在忍受不了的行为，对孩子进行适当的监管就可以了，不要列太多。

6. 特权卡

　　如果1周积分没有全部消耗完，可以把它兑换为特权卡。我们的建议是将1周的积分全部兑换完成，这样孩子才有动力在下周继续努力赚积分（图5-8）。

　　从以上6个部分可以看出来，想要制定一份高效的积分表，需要对各个部分进行规则设置，做到张弛有度。把以上规则表的细则都写清楚，就可以给孩子每天都做积分记录了！

图 5-8　积分说明

　　我们给孩子制定积分规则时，一定要记住使用积分表的初衷是帮助孩子更好地养成习惯。所以在制定积分规则时，我们一定不能限制孩子获得积分的努力空间。如果每1个积分的获得，对孩子来说都比较耗时耗力的话，会对孩子造成很大的挫败感，那他就再也没有动力持续执行里面的项目了。

三大注意事项

　　孩子还比较小的时候，他的坚持，基本都源自父母的坚持。根据过往几十期儿童时间管理训练营的经验，大部分情况下，积分表都是家长先放弃使用的。在孩子还有兴致执行积分表的时候，很多家长不是忘记去做，就是急于求成。孩子是父母的影子，而父母是孩子的镜子。父母希望孩子变成什么样子，首先自己要做到自己期待的样子。这里介绍3点注意事项，都是针对家长的。

1. 每天记录

　　凡事贵在坚持，很多事情短时间内很难看到效果。家长们给孩子做时

间管理，执行积分也是同理，持续做才有用。所以，要每天都给孩子记录积分，不能因为孩子哪一天表现不够积极或者态度消极，就不持续记录。每天记录既是让孩子明白家长坚持的决心，同时也给孩子做了一个不放弃的榜样。

2. 真诚热情

当清单执行不到位时，孩子有可能会出现消极情绪，这时候家长千万不能放弃，反而应该表现出热情，并且这个热情不是装出来的，而是源自对孩子真正的爱，你希望他更好。孩子看到家长坚持，也会被感染，从而持续执行。

3. 放弃完美

你是不是觉得有了积分表，孩子就应该得到满分，然后在每张记录表上都留个完满的成绩？这个想法不太现实，因为任何人行为习惯的养成都不是一蹴而就的。

家长需要有足够的耐心陪伴孩子成长，并且家长越是重视这张积分表，每天记录，孩子越会觉得好奇，慢慢地也就跟上节奏了。有的妈妈来问我："为什么我家孩子使用积分表没用呢？"其实不是积分表的问题，而是使用方法的问题。这个时候我们可以问问自己：到底我们是孩子的引路人，还是孩子是我们的引路人呢？

如果孩子在执行过程中，出现了一些细节不符合你的期望，切记不要因为这些细节去责备孩子，去克扣孩子的积分，一定不要追求完美！孩子不是成人，做不到每个细节完美，只要大方向对，大事件基本完成，就应该给孩子积分。孩子还在成长，不可能记住所有细节，把所有事情都执行都到位，抓住细节不放的家长，往往会限制孩子更大的成长空间。

这里提供一些和孩子沟通的参考话术可以参考：

"今天还不错啊，早起有两个任务没完成，得了6分哦。"

"今天虽然写作业磨蹭了一些，但使用了番茄钟，作业前的准备工作也做得不错，得了5分，继续加油！"

"睡前准备清单拿到了7分，明天继续努力，争取每天都有积分！"

父母要刻意去培养发现孩子闪光点的能力。很多时候父母们看自己的孩子都在看缺点，孩子有进步的地方却被忽视了。哪怕看到了，表扬孩子的时候也会立刻来个"神转折"，表扬得好好的，最后变成批评孩子这里没做好，那里没做好。如果父母总是盯着孩子的缺点，孩子怎么可能进步呢？父母给孩子积分的时候就是要看到孩子的优点，只要父母每天都认真记录，孩子也会更认真地对待父母给他的积分，这样孩子才会更有动力去挣更多的积分。

给大家讲个孩子考试的例子：

小明考了90分，妈妈说："90分你就满意了？"

第二次考了99分，妈妈说："还有1分，你怎么丢的？"

孩子终于考了100分，妈妈说："别太骄傲，骄傲会让人退步！"

之后，孩子整个人都不好了。

⏱ 小结与践行作业

小结： 1. 在积分表中记录孩子具体的行动、执行情况，保持客观，有明确的数据记录，会让孩子有持续的行动力。

2. 积分表上加上一个文件袋，能反复使用，简单方便。

3. 想让孩子有持续的行动力，家长持续记录、引导非常重要，记住你才是孩子的领路人。

✏️ **作业:**

制定符合自家情况的积分规则表,并征得孩子同意,后期持续使用并追踪完善。

🕐 学员作业

学员作业(图5-9):两个娃还不到3岁,目前还不太有积分的概念,我把积分表上的数值变换成小红花,帮助他们直观理解。一开始的积分规则比较容易实现,大概是一天的积分能换蓝莓,两天不消耗累计积分可以换棒棒糖,看得见的目标会更有吸引力。

图5-9 积分记录表(学员作业)

选择合适的清单，让孩子事半功倍

前面介绍了"便签时间法""一日时间饼"、晨起清单、睡前清单、作业清单、家庭会议清单和积分表等。这么多的清单，会不会让人感觉有点乱？应该让孩子使用哪些清单呢？先使用哪些清单？同时用多少个清单比较合适？家长如何选择合适的清单，让孩子事半功倍呢？下面就来为大家解惑，主要围绕三部分内容进行。

🕐 游戏化清单间的关系

到目前为止，本书已经介绍了很多种清单，它们之间其实是有着逻辑上的联系的，我们姑且把这个联系看成微观、中观和宏观的关系（图5-10）。

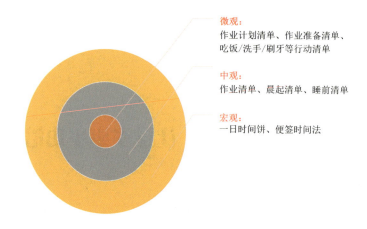

微观：
作业计划清单、作业准备清单、
吃饭/洗手/刷牙等行动清单

中观：
作业清单、晨起清单、睡前清单

宏观：
一日时间饼、便签时间法

图 5-10　游戏化清单之前的关系

对于12岁以内的孩子而言：

宏观——掌控一日计划。

中观——掌控一日中一个时间段的计划。

微观——掌控一个时间段中的某一个事项的计划，然后再把事项分解为一个个看得见的具体行动，以此来引导孩子。

孩子应该选择哪些清单?

孩子在不同的年龄阶段，需要养成的习惯会不太一样，不同年龄段的培养侧重点不同，那么就要分别使用不同的清单了。给孩子推荐清单时，也是根据孩子的年龄进行分类的（图5-11）。

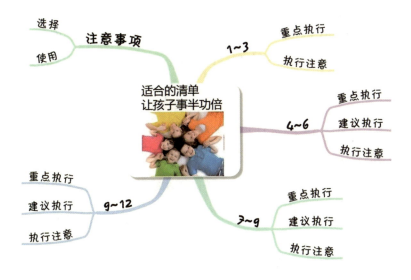

图 5-11 执行清单

1. 1~3岁的孩子培养日常生活习惯

1~3岁的孩子，重点是培养日常生活习惯。这个年龄阶段的孩子，需要重点执行日常生活习惯清单，比如吃饭清单、洗手清单、穿衣清单等。除此之外，根据孩子的能力，家长还可以拓展一些清单，比如整理乐高清单、出门玩耍清单等。

注意：1~3岁的宝宝还比较小，所以所有的清单都需要由家长来完成，不过也可以做成亲子活动，孩子可以帮忙准备材料以及给清单涂色。关于这些清单，本书没有直接给出模型，家长们可以按照游戏化清单的制作方法自行制作。

2. 4~6岁的孩子培养起居自理能力

4~6岁的孩子，重点是培养日常起居等自理能力。这个年龄阶段的孩子，需要重点执行规律性的生活习惯清单，比如"一日时间饼"、晨起清单、睡前清单、成长树等。

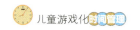

注意：这个阶段的孩子主要是培养执行力和自理能力，而制作清单时需要引导孩子参与设计，让孩子体验到主人翁的感觉。让孩子意识到，设计清单是自己的事，同时执行清单也是自己的事；家长要帮助孩子不断地练习，并且适当地起到督促作用。

3. 7~9岁的孩子培养学习习惯和生活习惯

7~9岁的孩子，重点是培养孩子学习习惯和生活习惯。这个年龄段的孩子，需要重点执行学习习惯清单，比如：作业清单、家庭会议清单、整理书桌清单等。另外，可以适当地做一些家务，可以执行例如洗碗清单、拖地清单等日常家务活动清单。

注意：这个年龄阶段的清单，最好由父母引导孩子自己设计，在一定的程度上让孩子自己的事情自己做主，这样，孩子不是被父母逼着执行，而是自己主动执行，对培养孩子的责任意识很有帮助。

4. 10~12岁的孩子培养主动学习和统筹安排自己生活的能力

10~12岁的孩子，重点同样是培养孩子主动学习和统筹安排自己生活的能力。这个年龄阶段的孩子，需要重点执行各种更有挑战的清单，比如周计划清单、月计划清单等。根据生活场景不同，还可以让孩子尝试安排假期计划、家庭会议清单、安排旅行计划、小型活动的策划等。

注意：这个年龄阶段的清单，建议孩子自己进行设计并自主执行，培养孩子的自律性。

🕐 如何给孩子选择合适的清单？

给孩子选择合适的清单，需要遵循以下几个原则：首先，要按年龄段来，如果孩子的能力没有达到相应的要求，可以适当向下兼容，暂时执行前一个年龄段的清单，等孩子过渡好了再执行本年龄段的清单。其次，要参照孩子的年龄分清重点和主次，关注重点执行的清单，如果孩子有余力，可以尝试建议执行的清单。

1. 按年龄段

按照孩子的年龄阶段来选择执行的清单是最适合孩子的，因为孩子的每个年龄段都有其发展的特点。比如，一个5岁的孩子，就可以在4~6岁阶段的清单当中进行选择，可以选"一日时间饼"、早起清单、睡前清单作为开始的清单。

2. 向下兼容

如果是一个7岁的孩子，已经上小学了，但是从来没有接触过清单，这个时候，建议选择写作业清单、早起或睡前清单。写作业清单，是7~9岁这个年龄阶段中最重要的清单；"一日时间饼"，是4~6岁年龄阶段，让孩子认知时间的最重要的规划图；早起或睡前清单，是从生活习惯中选择的一个清单，用它作为最初的执行清单是非常合适的。

注意事项

1. 循序渐进，初期尽量安排一次训练、一张清单

家长和孩子刚开始学习儿童时间管理的时候，尽量从一个清单开始，当一个清单执行超过2周，孩子能熟练掌握之后再考虑增加第二个清单。家长一定不要操之过急，有的父母可能认为这些清单都是好东西，一着急，全都给

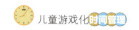

孩子用上了。可是，对于从来没有接触过清单的孩子来说，有可能会产生抵触情绪。一旦孩子抵抗，不再有兴致玩时间管理游戏了，这些清单即使再好也都没了意义。

2. 以慢打快，"Less is more"

有一句话是"Less is more"，少即是多。在培养孩子习惯这件事上，用这句话再贴切不过了，真的急不得，我们可以"以慢打快"。就像上一条注意事项一样，第一个清单执行超过2周且孩子能熟练掌握之后，再考虑增加第二个清单。同理，在第二个清单执行超过2周且孩子熟练掌握之后，再考虑增加第三个清单，以此类推。孩子在循序渐进中增强了自信，也会对清单这个工具越用越喜欢。

3. 建议同时执行不超过2个清单

当孩子熟练使用清单一段时间后，会同时接触几个清单，但是最好同时只执行2个清单，特别是在刚刚起步的时候。当有些清单孩子已经执行得非常到位，或者已经成为孩子的习惯之后，就可以换下一个清单了。就像我们成年人，每天早起刷牙洗漱已经不需要用清单来提醒自己了。同样，孩子也会在某件事情上习惯成自然，这时候，就不需要用清单了。而人的关注度有限，孩子同时执行的清单以2个为宜，可以帮助孩子集中关注度，太泛反而不利于习惯的养成。

4. 持续执行

家长们选择第一个清单后，一定要陪伴孩子持续地执行下去。当孩子忘记执行的时候，需要家长给予孩子适当的监督和提醒，让孩子能够坚持每天执行清单，孩子会逐渐收获许多新的好习惯。

🕐 小结与践行作业

小结： 在执行清单的最初阶段，"少即是多""慢即是快"。根据孩子所处的年龄段，选择使用合适的清单，关注重点执行清单、建议执行清单和执行注意事项，让孩子事半功倍。期待家长们在和孩子使用清单时，能体验到从一开始的坚持到后来逐渐享受，再到最后根本停不下来的全过程。愿孩子们都能掌控时间管理技能，做时间的好朋友。

作业： 根据实际情况和你想达成的目标，为孩子制定阶段性使用清单，利用清单帮助孩子养成时间管理的好习惯。

🕐 学员作业

学员作业（图5-12）：学习最大的感受是，时间管理是一套系统。根据它，我和孩子一起逐渐搭建起他的每日时间管理安排。我们首先做了一日时间安排图，又做了睡前清单和早起清单，把它们贴在墙上，每天都使用，培养了早睡早起的好习惯。接着慢慢加入作业清单，孩子特别喜欢星际探险，它协助孩子对做作业的过程进行拆解，从而提高做作业的效率。使用这个系统，让孩子逐步感知时间，自主安排好一日时间。

图 5-12　时间管理清单（学员作业）

游戏卡让孩子合理地玩游戏

我们将围绕"游戏"这个让父母头疼的问题，结合前面的积分表，通过介绍流量卡和自动化游戏时间管控的方法，让孩子合理安排游戏时间，既能满足孩子想玩游戏的愿望，又能让孩子对玩游戏适可而止。

玩电子游戏的害处

家长们通常谈电子游戏色变，视电子游戏为洪水猛兽。的确，玩电子游戏有很多害处，家长们最担心的主要有两点。

（1）伤害视力。过早或是过度接触电子屏幕，会对孩子的视力造成直接伤害，将来有可能导致近视等眼部疾病，这也是父母最担心的。

（2）沉迷游戏。沉迷游戏会过度占用孩子的时间，尤其在上小学之后，孩子需要解决玩和学习之间的平衡。两者都需要消耗孩子大量的时间，过度玩游戏，会让孩子沉迷其中，导致学习时间减少，甚至无心学习，成绩下降。

父母应该如何对待孩子玩游戏

"玩"是孩子的天性，是孩子最基本的需求。在孩子看来，可以不要好吃的东西，不要好看的衣服，但是一定要玩好。

得到专栏作者万维刚曾说过："玩"不是浪费时间，"玩"本身就是最好的学习，"玩"是一种战略需求。一般来说，6岁以下的孩子，最重要的任务就是好好玩，充分地玩！随着现在家庭教育意识的提高，大部分的家庭允许和鼓励孩子去玩。但是，我们今天要讨论的"玩"，不只是孩子之间追逐打闹、玩过家家的玩，而要讨论的是一个比较有争议的话题——玩电子游戏。

关于玩电子游戏，这些年家长们也发现了，要完全堵住，不让孩子接触，几乎不太可能。孩子有孩子的小圈子，当别的孩子都在谈论某款游戏的时候，如果他没有接触过，就会显得不合群，没有社交共同话题，久而久之就会影响自信。因此，很多家长对孩子玩游戏的态度就是，可以玩，但一定要适度。其实从孩子的天性和未来社会的发展综合来看，我认为可以允许小学段的孩子适度玩电子游戏。

那么，什么是适度地玩电子游戏呢？玩游戏的时间又该如何控制呢？孩子的自控力非常薄弱，很难自觉停止游戏。无论你多么认同"放养理念"，孩子的成长都需要家长正确的引导和监督。接下来，介绍两个方法，帮助家长们引导孩子适度地玩游戏。

🕐 一张卡片让孩子适度游戏

1. 积分兑换流量卡

前面介绍了使用积分表来管理孩子日常行为习惯的方法。孩子通过执行任务清单，就可以得到积分。到了周末，还可以用积分兑换成零花钱，去购买自己喜欢的东西，比如玩具、零食、学习用品等。其实，积分的用处除了可以兑换成零花钱以外，还可以兑换玩游戏的流量卡，让孩子自动控制下一周玩游戏的时间。

积分兑换流量卡的使用规则：1个积分可以兑换1分钟的游戏时长。

我们设计的流量卡（图5-13），一张是15分钟的时长。也就是说，15个积分兑换1张流量卡，1张流量卡可以玩15分钟的游戏。

图 5-13　流量卡

上图就是按照上述规则制作的流量卡。家长们可以参照此图，制作色彩鲜艳、生动活泼的流量卡。结合下面我们要介绍的流量卡使用规则，不仅可以起到让孩子适度玩游戏的作用，还可以让孩子更好地执行日常行动清单。

2.流量卡的使用规则

关于流量卡的使用，家长们一定要先和孩子沟通协商一致，再制定规则。只有孩子参与制定规则，并且心甘情愿遵守规则，才能发挥流量卡的最大作用。下面给出4条参考规则。

规则1：休息5分钟。看电子设备达到15分钟，就要休息5分钟。休息过后，才能继续玩。实际制定规则时，家长要和孩子达成一致，和孩子做好沟通说明，这么做是为了保护眼睛，长时间使用电子产品会导致视力退化。

规则2：需要父母确认。孩子开始玩游戏之前，必须要得到父母的确认才可以玩游戏。如果没有经过父母同意，自己偷偷玩，按照规则要取消第二天的玩游戏权限。

规则3：倒计时。孩子玩游戏时，要使用闹钟进行倒计时。如果到了时间，孩子还一直玩，不肯停止，要取消第二天的玩游戏权限。

规则4：总长不超过1小时。一天中玩手机、看电视、看平板电脑等接触电子屏幕的总时间不能超过1小时。

以上都是规则建议，在实际制定规则的时候，家长需要和孩子充分沟通。如果孩子不同意，就要去调整规则，直到父母和孩子双方都认可。因为只有父母和孩子都认可的规则，才能顺利执行下去，真正起到作用。

3.防止孩子过度玩游戏

还有一种情况比较常见，我们单独拿出来讨论，如果孩子想连着用几张流量卡，连续玩游戏，怎么办？

如果家长直接拒绝，孩子会觉得没有道理："我已经出示流量卡了，你为什么不让我玩呢？"

为了防止孩子过度玩游戏，家长们还要和孩子一起协商，设定一些特殊机制，用规则来说话。下面介绍两种参考规则：非周末多张兑换和10张封顶规则（图5-14）。

如何防止孩子过度玩游戏

周一至周五：
第1个15分钟只需要1张流量卡兑换
第2个15分钟就需要2张流量卡兑换
第3个15分钟就需要3张流量卡兑换
……

周六、周日：
1张流量卡兑换15分钟游戏时间

注意：每周最多兑换10张流量卡

图 5-14 流量卡使用规则

（1）非周末多张兑换规则。周一到周五使用流量卡的规则：每天第1个15分钟游戏时间，只需要用1张流量卡兑换；而第2个15分钟游戏时间就需要用2张流量卡兑换；第3个15分钟游戏时间则需要用3张流量卡来兑换，以此类推。

周六、周日没有特殊要求，不管兑换几个15分钟的玩游戏时间，每个15分钟都只需要1张流量卡。

也就是说，周一到周五，如果某天想玩45分钟的游戏，就需要花费6张流量卡来兑换，而不是3张。

家长把是否继续玩下一个15分钟游戏的选择权，交给孩子自己来决定。只要孩子给父母流量卡，父母就要按照规定，予以兑换玩游戏的时间。实际上孩子很聪明，周一到周五兑换玩游戏的时间成本这么高，孩子一般不会舍

得玩，而是留到周六、周日再慢慢玩。这样，既可以保障孩子周一到周五的上学期间不过多玩游戏，又可以在周六、周日时满足孩子的游戏需求。

用规则说话，用家长和孩子一起协商好的规则去限制。这样一来，孩子就知道，是规则不允许，而不是"爸爸妈妈不让我玩"。只要给孩子足够的选择权，孩子就不会觉得是家长在干预他，而是他自己安排的结果。

（2）10张封顶规则。一周最多只能兑换10张流量卡。以我家孩子为例，我的目标是，孩子周一到周五每天只玩15分钟游戏，周末每天可以玩30分钟游戏。这个目标给家长们作为参考，家长们可以根据自家孩子的情况适度调整。一周最多只能兑换10张流量卡，在这个范围内，孩子想兑换多少张流量卡，都由自己决定。兑换的流量卡越多，零花钱就会越少；兑换的流量卡越少，零花钱就会越多。是想花钱买自己喜欢的东西，还是玩喜欢的游戏，可以由孩子自己做主。

如果想兑换更多的流量卡或零花钱，孩子就要自己想办法，获得更多的积分。而想要获得更多的积分，就需要靠他平时好好表现来积累。这样一来，就会促进孩子平时更认真地执行清单任务，而这正是父母和孩子一起学习儿童时间管理的共同目标。用这样的方式，家长们可以不吼不叫，让孩子自主自愿地去执行清单，并减少电子产品的使用时间。

4. 使用时的注意事项

（1）沟通第一。制定规则时，家长一定要和孩子提前做好沟通，所有的规则条款都要和孩子达成共识，再确定下来。只有让孩子感受到是自愿的，才能更好地将规则执行到位。

（2）提醒句型。使用本书中提到的沟通方法和孩子沟通。孩子玩游戏时，规定的15分钟时间到了，家长要怎样提醒孩子，才不会引起孩子的反感呢？家长们可以参考前面章节介绍的沟通话术。当15分钟游戏时间到了，家长一定要给孩子看计时器，说明玩游戏的时间已经结束，并及时收回手机等电子设备。

（3）提示到位。初期给孩子一些时间提示。刚开始给孩子使用计时器的时候，建议家长们在响铃前，给孩子一些提示。可以多次提醒，比如，"你已经玩了10分钟游戏了，游戏时间还剩下5分钟""游戏时间还剩3分钟""还剩下最后1分钟时间了""时间到！请停止游戏！"

这样的提示，会让孩子有个心理准备。当时间到了，孩子即使有些不情愿，但大多数情况下还是可以接受停止游戏的。因为在这个过程中，家长已经提醒几次了，孩子也有了一定的心理准备。注意：家长提示两到三次就好，如果太多，孩子会觉得家长很唠叨。

错误做法是没有提醒。孩子在玩游戏的时候，对时间的流逝是非常不敏感的，专注力全部在游戏上，孩子会觉得时间过得特别快。如果这时候家长一点提示都没有，时间一到就立刻没收手机，孩子心里肯定不舒服，会以为家长把时间"藏起来"了。甚至很有可能和家长闹，导致爆发家庭战争。

所以，这套方法前期使用时，家长一定要提示孩子时间，并且使用计时器计时的时候，一定要执行到位，计时器一响就要收掉孩子的电子设备。当孩子执行一段时间，习惯了计时器之后，就可以不用提示了。

（4）挑选游戏。家长和孩子一起挑选游戏，在同意孩子玩游戏之前，最好跟孩子一起挑选游戏，一起确定哪些游戏是可以玩的，哪些游戏是不适合玩的。尽量让孩子玩一些益智类的游戏，当然也不反对现在一些主流的游戏，家长把好关即可。挑选游戏的规则，也是由家长跟孩子协商来制定。

5. 积分与其他卡片

孩子通过执行清单赚取的积分，除了可以兑换零钱，兑换流量卡，家长还可以拓展思考，增加别的卡片，例如免吼卡、免单卡、自由卡等（图5-15）。

免单卡

使用方法

看到心仪的玩具或零食，出示此
卡，妈妈必须买

最终解释权归妈妈所有

免吼卡

使用方法

即将挨骂时，出示此卡，妈妈必
须停止

最终解释权归妈妈所有

自由卡

使用方法

妈妈叫你做作业或者其他的你极
不愿意做的事情时，可出示此卡

最终解释权归妈妈所有

图 5-15　免单卡、免吼卡和自由卡

　　比如，当父母对孩子大吼大叫的时候，孩子只需要出示免吼卡，父母就
要立刻停止吼叫；当孩子看到想要购买的礼物或者玩具时，就可以出示免单
卡，请爸爸妈妈买单，当然额度限制也可以由家长和孩子共同商议来确定；
当孩子想出去玩的时候，只需要出示自由卡，就可以出去玩。

　　这里要注意：

（1）如何得到这些卡片呢？需要孩子执行前面的行动清单，拿到积分来兑换。

（2）孩子要和父母协商兑换规则，多少积分可以兑换哪种类型的卡片。

（3）使用过程中要注意的事项，也需要父母和孩子提前协商好规则，以免后续发生矛盾。

自动化管控孩子游戏时间

大部分时间，家长是非常信任孩子的。但是如果家长实在担心孩子偷玩游戏，或者担心孩子趁家长不在家，没人管的时候玩游戏，那么可以通过专业的软件来帮助家长限定孩子玩游戏的时间。

1. 监控软件

这里推荐家长们使用专业的监控软件工具，对孩子玩游戏进行管理。其中有个实用且方便的工具——成长守护平台，这是由腾讯推出的一个微信公众号，绑定孩子的QQ号和微信号，就可以查看孩子的游戏时间和消费记录。甚至还可以设置允许玩哪些游戏，禁止玩哪些游戏，可以关联两个孩子的账号。

通过这些软件或工具的辅助，家长就不用担心孩子玩一些不合适的游戏了。另外，还可以通过工具控制玩游戏时间，设置孩子玩游戏的时间长度。

2. 注意事项

（1）和孩子协商，沟通第一。不管使用什么样的软件，家长一定要提前和孩子协商沟通，孩子才会心甘情愿地配合家长减少玩游戏的时间。千万不能简单粗暴地安装一个软件，对孩子进行监控，这是对孩子极大的不尊重。

（2）增加亲子时间。一定要增加更多的亲子活动时间和孩子一起玩耍。现在的孩子，每天大半的时间在学校里度过，而且学校里面的学习节奏也比较快。放学之后，孩子又被父母要求，立刻回家写作业，不能在外面逗留玩耍。但玩耍是孩子的天性，当孩子玩不够的时候，对孩子来说，"玩"就会变成一个可望而不可即的奢侈品。如果孩子需要玩的本能需求得不到满足，那么，当看到吸引人的电子游戏时，很难控制自己不去玩。

所以，家长一定要创造机会，多带孩子到户外活动，多进行亲子互动。比如一起读读绘本，一起进行亲子游戏，一起做体育运动，让孩子在活动中体验更多的乐趣。

（3）手机不只可以玩游戏。家长还可以对孩子的认知做适当的引导，让孩子知道，手机不仅仅可以拿来玩游戏，还可以做一些其他有意思的事情。

比如，我有时就会给我儿子看我是如何在手机上给学员们上课的，以及我会用手机上的云笔记软件，把我们每天读绘本和讲故事的音频录制下来，做成一个个珍贵的文档等。时间长了，孩子耳濡目染，自然会知道，除了游戏，手机还可以做很多其他的事情。我会给孩子传达一个观念，我用手机在工作，在帮助别人。这样会让孩子觉得，手机是个很有用的工具，如果只是用它来玩游戏，就太浪费了。

我计划在孩子上小学后，为孩子定制一个产品，从小让他参与到项目之中，综合应用学到的学科知识、时间管理、思维导图等各种技能，去做一个他自己的产品。因为现在的学校学科教育是一种"火箭发射式"的教育。在学校里花十几年的时间，都是在"准备"，而孩子们根本不知道，今天学的知识，以后可以用来做什么。父母可以尽自己所能，帮助孩子建立知识与实际应用之间的连线，我认为这是一种很深远的用心和负责任的态度。

🕐 小结与践行作业

 小结：

1. 适当地让孩子玩游戏，满足孩子的天性。

2. 通过使用流量卡，让孩子自己选择玩游戏的时间，慢慢学会自我管理。

3. 在特殊的情况下，使用软件监管孩子玩游戏，但必须和孩子协商并注意留给孩子户外活动的时间，以及让孩子看到手机的更多其他用途。

✏️ **作业：**

和孩子协商流量卡的兑换规则，把流量卡的兑换规则加入积分表，进一步完善积分表。

🕐 学员作业

学员作业（图5-16）：为孩子准备了"积分兑换卡"，我把它叫作奖励卡，当作儿童节礼物送给孩子，完成清单上的任务得到积分，拿积分就可以兑换奖励卡，孩子开心，我也省心。

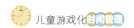
儿童游戏化时间管理

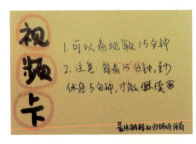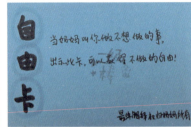

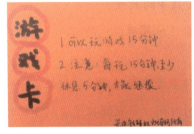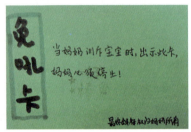

图 5-16　积分兑换卡

第6章

答疑解惑

一日时间规划

家长提问1：我的孩子刚3岁，需要做"便签时间表"和"一日时间饼"吗?

回答：3~5岁的孩子是可以做的。需要注意的是：画图、安排事项等，需要爸爸妈妈多一些引导。用孩子能够接受的形式，把文字变成生动的图案，帮助孩子理解。家长们需要多一些耐心。

家长提问2："一日时间饼"，一般用时多久可以做出来呢?

回答：一般1个小时左右。可以找充裕时间，跟孩子一起做。

家长提问3：孩子日常、周末、放暑假的时间安排不一样，是否需要做3个时间饼?

回答：不用重复做，以当下情况做一个就好。

家长提问4：每天孩子的作息不一样，便签怎么做?

家长提问补充：孩子今年三年级了，我们一起学习了之后，非常想照着执行。但是，孩子每天放学时间不同，每天的安排也不同，很难按照这个方

法做时间计划。比如有课外班的安排，有两个晚上放学的时间是晚上8点，不知道怎么制订。如果每天做时间规划，那么其他天的作业也得跟着放在晚上8点钟以后吗？这样会把之前养成的好习惯给推翻，感觉不太合理，请问有好的建议吗？

回答： 首先，每天计划不同，不利于孩子培养规律性的节奏感。规律性是孩子养成习惯的重要条件，所以，我们的原则有点类似数学中的提取公因式，尽量把每天可以掌控的时间提取出来，统一来做清单、做规划，而每天不同的部分做个别调整。这样的话，孩子总体是在一个大框架内调整，不会让孩子有无法掌控的感受。

比如：孩子晚上9点睡，那么每天晚上8~9点这个时间段都是能掌控的，要做重点规划。如果孩子每天睡觉的时间都不能大体相同，那就说明源头事项的规划可能存在问题。

具体做法：先试试按照孩子回来最晚的情况下，给他安排时间。如果回来早的话，前面的时间全部设为自由时间，让孩子去学着自己安排。

注意事项：自由时间并不代表玩耍时间，而是可以自由安排的时间段，是一种留白。孩子可以玩，可以做自己喜欢的事，当然也可以做作业。如果原本孩子每天都能接受不同的事项安排，那么孩子应该也愿意把这些事项纳入自由时间（和没做便签时的情况一致）；如果不愿意，说明之前其实并没有养成"习惯"，而是在服从父母的意志。

另外，"便签"和"一日时间饼"不用过度纠结，这两个工具是暂时性的，不会长期执行，此时培养兴趣最重要。

我们这套系统中，孩子的时间管理分为3个层面：

第一，"便签+一日时间饼"，属于孩子宏观一日时间管理。

第二，习惯养成的重点在后面章节中的晨起清单、作业清单、睡前清单等中观时间段管理。

第三，单个项目效率提升工具是"番茄钟+具体行动清单"，也会在后面章节中呈现。

如果你的主要目的是提升孩子的做事效率，那么学习重点就是第3点。但是从时间管理的长期目标上看，我们更推荐孩子能有相对规律的作息，养成良好的习惯。这种节奏感对孩子非常重要，本书后面章节都有涉及。

家长提问5：已经很晚了，是否还要让孩子做任务？

家长提问补充： 我本来打算跟孩子一起完成便签时间表的，但是我今天下班回家就很晚了，并且孩子想完成她自己的事情后再来做。这样一来，就太晚了。我很纠结，是先睡觉还是继续做便签时间表？

回答： 注意，这个不是孩子的时间管理，而是大人自己的时间管理。因为是大人在学习儿童时间管理，学习完成后，帮助孩子做时间管理。遇到这个问题：

（1）原因：大人没有合理安排好时间，也没有提前跟孩子沟通。你需要提前跟孩子说，今天我们要做一个事情，大概要花多长时间。需要给孩子去做一些铺垫，因为这是孩子计划外新增的事项。

（2）下一步：因为这一次你确实没有跟孩子沟通过，而且确实时间也比较晚，所以建议可以第二天再去做。今晚跟孩子沟通一下："明天你早点完成自己的事情，然后我们来玩这个游戏，好不好？"

家长提问6：时间表执行时，不能很精确地卡点，怎么办？

家长提问补充： 制订一日计划后，在执行过程时，没有办法按照表格上面的时间来严格执行，好像也只能是个大概时间的大概顺序，这样对吗？

回答： 时间表的执行没有完全按照计划，这个是非常正常的，不需要担忧。因为我们"便签时间法"和"一日时间饼"，并不要求孩子完全按照计划去做。它的作用有3点。

第一，为后面所有的清单做准备。

第二，让孩子感知时间。

第三，让孩子去体验，做的事情不能太多，以及事情顺序乱了会有什么样的结果。

家长提问7：做计划时信心满满，但一到要执行时就又出现各种拖拉，怎么办？

家长提问补充：我家老大10岁，每次做计划都是信心满满，但一到要执行时就又出现各种拖拉，怎么办？

回答：首先，每次做计划都是信心满满，是个很好的现象，说明孩子有内驱力，自己想要上进。其次，一到执行时，就又出现各种拖拉，这个也是普遍现象，毕竟自我管理是很逆人性的一件事。最后，针对这个问题，我的建议是：

（1）做的计划，增加游戏化元素，要好玩，让孩子喜欢执行，愿意执行。

（2）和孩子协商积分规则，这个非常重要。注意是"协商"而不是"制定"。因为如果只是父母说了算，孩子本能会抗拒；如果是自己定的规则，孩子会更有动力。

（3）当孩子遇到有执行难度的事情时，家长要和他好好沟通，给孩子"我们一起攻克难题，父母永远会给你支持"的感觉。

（4）不贪大求全，每次从一个小目标开始。比如先从早起开始，再过渡到做作业。虽然我们整个系统是一下把所有方法都给大家，这样做是为了能让大家高效学习。但是，孩子培养习惯需要一步步进行，无法一蹴而就。

家长提问8：怎样才能合理利用"番茄时间管理法"？

家长提问补充：我家孩子10岁半，和孩子一起做便笺时间安排时，发现需要做的事项很多。但是，孩子在家的时间总共就只有2.5个小时。其中，有的事项用不了30分钟，有的事项又超过30分钟，怎样才能合理利用番茄时间管理法来安排时间呢？

回答：首先，30分钟是一个番茄钟——25分钟做事情+5分钟休息。但是，实际有两种可能的情况。第一种情况，某个事项超过30分钟，那么可以启用第二个番茄钟。第二种情况，有很多不需要30分钟的事情，比如刷牙、洗手等这些小事，每个事情都没有30分钟，那么就可以把这些琐事合并到一个番茄钟里完成。也就是说，一个番茄钟完成不了的可以进行第二个番茄钟，而如果一些事情用时很少，则可以合并在一个番茄时钟里集中完成。

重点说明一下：在使用任何工具的时候，不要被工具所限制，而是要知道这个工具能帮我做什么。为什么使用番茄钟？首先，让孩子感知，自己做一件事大概需要多长时间。其次，番茄钟背后的原理，有一张一弛的节奏，先专注，再放松，让孩子去体会这个有张有弛的节奏。

建议：一开始可以相对比较严格地按照这个时间段设置，25分钟+5分钟，但是到后面熟练了，30分钟的这个时间是可以根据孩子的需要调整的。比如有的孩子比较好动，就可以先从15分钟开始，15分钟集中注意力完成事情，然后再休息5分钟；有的孩子专注力比较好，那么一个番茄钟最长可以加长到55分钟左右。

如果孩子年龄特别小，一个番茄钟的时间是可以调短一些的。比如，让一个四五岁的孩子集中25分钟的注意力，相对比较困难，建议可以调到10分钟，甚至从5分钟开始都是可以的。我们的目的是让孩子体验并感知时间，体验一张一弛的感觉，而不是一定要让他25分钟完成一个事项。

同样地，如果孩子到了小学高年级，那么他的专注力可能就会超过25分钟，这个时候，可以延长番茄钟的设置，但是，建议最长不要超过55分钟。番茄钟的发明人史蒂夫·诺特伯格后来又写了一本名为《单核工作法图解》的书，在这本书里，他对番茄钟又做了一些修正。简单来说，就是人一次最专注的时间，最长55分钟。

所以，不要卡在时间长短的问题上，需要关注其背后的意义，就是让孩子明白做事情要"张弛有度"。

家长提问9：便签如何增加新事项？

家长提问补充：我家孩子8岁，在执行"便签时间法"后的第二天，我想在时间表里面新增事项。主要想增加我希望孩子做的事情，比如收拾桌子，跟孩子说了之后，孩子自己写上去了。然后，我看到卫生间的衣服，又想让孩子自己洗衣服，想加到任务表里，但是想想一天的时间安排表，已经比较满了，就没有再加了，想着通过家庭会议解决。请教教练，时间表制定好了以后，后面如果还有父母想让孩子做的事情，需要重新做个新的时间表吗？

回答：首先，便签里面有3类事情——一定要去完成的事（如写作业、睡觉等）、家长希望孩子去做的事、孩子自主想做的事。这么分类的原因，是我们家长得知道，家长希望孩子去做的事，是我们所希望的，代表着——我们要去和孩子协商，只有孩子同意了才能做，孩子不同意，家长无法强迫他去做。

父母通常会认为，我们希望孩子做的事情，都是对孩子有益的。比如说，让孩子去收拾桌子，是想让孩子养成整理的习惯；让孩子自己洗衣服，是想锻炼他的自理能力。这个愿望是值得肯定的。

建议：如果我们希望孩子去做某些额外的事情，可以使用积分系统。在积分系统里，孩子做一些事情是有积分的。其中包括他必须要做的事情，比如做作业、早睡早起等；还有一些事情，是额外的事项，比如收拾桌子、洗衣服、倒垃圾等，也是有积分的。所以父母可以跟孩子讨论，这些额外的事情积分是多少。一般来说，额外的事情积分可以比平常类似做作业等必须要做的事情积分高一点，这也是给孩子一些外在的激励。

内在来说，我们可以通过正面管教里的家庭会议去解决。核心思想是：我们要把孩子当成成年人一样去尊重。家长和孩子一起探讨为什么要做这件事情，做了有什么好处，让孩子增加内驱力去做这样的事情。这样既有内在奖励驱动，又有外在积分激励。在此前提下，就可以在原来的时间表新增事项。

家长提问10：便签任务项完成后，是不是撕下比较好？

家长提问补充：我看介绍说，便签法可以让孩子对任务更直观和可视化，可以看到剩下几个便签，以产生紧迫感。在孩子完成了一件事情后，是不是可以撕下一张便签呢？

回答：如果孩子喜欢的话，可以挪到边上。这个便签法是我们时间管理系统的基础，后续我们还会有其他种类的清单，需要孩子长期执行。

家长提问11：制订计划后，孩子不执行怎么办？

家长提问补充：孩子今年7岁，计划列得特别好，但是我又特别担心，如果第二天孩子不执行，我该用什么样的态度去对待他呢？特别是平常起床偏晚的孩子，却非要写上起床最早的时间。

回答：首先，恭喜你，孩子愿意做尝试，说明他有内驱力。他写了一个起床最早的时间，说明他非常想要改变，这点很重要。

妈妈担心孩子不执行或者执行不到位，也是非常正常的。而且，现实情况孩子的确不一定能够做到，孩子自己定的最高的要求，代表孩子希望达成的美好愿望。

这个时候，就非常考验做父母的沟通艺术了。在孩子还没有做之前，如果我们预测他做不到，我们就会从表情、身体等微动作不知不觉地传递出来我们的担心。这是家长需要注意的地方。不管孩子做得到还是做不到，哪怕我们心里可能认为他做不到，也不要这样去揣度孩子。因为孩子的感觉是非常敏锐的，当父母表现出不相信的情绪后，孩子有可能就真的做不到了。所以，家长要去鼓励孩子。怎么鼓励呢？

首先，我们要看见孩子的内驱力。"你主动参与了，而且还把早上起床的时间定这么早，说明你很想给自己这个时间段做好时间管理，这点是非常好的"。这点一定要给予孩子肯定。

其次，如果孩子真的做到了，一定要给他大大的肯定。可以用积分表的方式，从外在奖励上给他激励。但如果孩子确实没有做到，这时重点不是强调他做到还是没做到，而是要看见孩子的进步，并予以反馈。

比如，孩子平时8:00起床，今天7:59起床，我们就要看见这个进步。这是需要你给孩子好的反馈的时候。因为他毕竟做了计划，而且确实比之前起得早了，哪怕只有1分钟，我们也要鼓励他："你很好，你看你做了计划，的确比之前好了，有进步。虽然这个进步不是很大，但毕竟是进步了，积跬步以至千里嘛。"当家长看见了孩子的进步，并且给孩子正向的鼓励之后，孩子会更有动力去执行这个系统。越去执行这个系统，效果就会越好；效果越好，孩子就越愿意去执行，于是就形成了正向循环。

家长提问12："一日时间饼"和便签时间表的区别是什么？个人感觉好像没什么区别，就像是换了一种形式。

回答：相同之处都是一天的宏观规划，不同之处是表现形式不同。

对成人来说，的确是同一件事情，但对孩子来说，就是两个事情。为什么要这么设置？因为这是儿童时间管理，需要游戏化的元素，让孩子亲自动手，参与其中。将抽象的时间具象为"一张饼"，孩子获得体验，才能激发兴趣，因为兴趣是最好的老师。成人更关注有没有用，但孩子不会这么评判，他们会先考虑好不好玩。

家长提问13：几个"一日时间饼"执行问题

家长提问：孩子今年五年级，在照着时间饼图执行计划表时，发现了几个问题：

（1）我观察到，她自己做的时间饼图，也照着安排，自己全部完成了。只是时间不会卡得很准，有推迟的情况，并且她会临时调整完成任务的时间顺序。

（2）另外，今天的安排很多，但是明天安排没有这么多，基本上是完全不同的，所以也没法用提取公因数的方法来列计划。请问，明天是否需要重新画一张时间饼图？这样会非常麻烦又耗时。

（3）作为家长，觉得我家孩子学了和没学前差别不大，没学前她也是这么做的。只不过，之前没有去列计划。请问，这种情况下，还需要孩子列计划或清单吗？感觉她都能做到的事情，再列计划，反而有点形式化，浪费时间，毕竟制作这些清单需要花费时间。

回答：可以调换顺序。结合上面的问题（2）来看，不需要因为每天计划不同而重新画一张时间饼图。原因是，时间饼只是让孩子宏观了解一日时间管理的大致情况。以后每个时间段具体安排什么事，是晨起、作业、睡前等清单的功能，其实换顺序很方便。

问题（3）和问题（1）（2）都有关系，孩子可能以为便签法和时间饼每天都要做，这里有误解了，其实这两个不要再花时间了，可以和孩子说一下。

另外，"作为家长，觉得我家孩子学了和没学差别不大，没学前她也是这么做的"，这个地方，我要恭喜你。我们列出来的是希望孩子能达到的标准，而你的孩子已经达到别人努力很久才能达到的程度，这正是你需要看见，并且给她正向反馈的地方。就像别的孩子上了很多辅导班才考了100分，而你的孩子没上辅导班，自己也考了100分，你说这是不是好事？不过，即使我们要表扬孩子，也要实事求是地说："这个阶段我们做得很优秀，但是后面还有内容没有学，我们是不是能做得一样好呢？"这样既表扬了孩子，同时也基于事实让孩子重视，激起她的挑战欲望。而且孩子会觉得你和她是一条战线的战友，而非对抗关系。

"便签时间法"和"一日时间饼"是整个时间管理系统中的两个小技能，掌握整个系统后，就可以根据自己的实际情况灵活运用了。

时间段规划

家长提问1：按照孩子喜欢的动漫做清单，是否可行？

家长提问补充： 孩子比较贪玩，这段时间特别喜欢奥特曼，我打算做个奥特曼人物的清单。如果过段时间，他喜欢别的卡通人物了，是不是也可以重新做一个清单？

回答： 可以的，按照孩子的兴趣来，选择孩子喜欢的，加上家长带动，就比较容易玩起来。按照书中的方法，家长和孩子学会制作一个清单以后，后面如果需要用新的角色，只需要照着步骤再做一个即可。

家长提问2：做一个早起清单一般要多久呢？

家长提问补充： 早起清单一般需要多久可以做完呢？我家男孩4岁半，剪纸、画画等这些手工的动手能力比较差，做得比较慢，我怕时间太长，他会厌烦完成不了，没有成就感，就不愿意做了。

回答： 可以提前安排充裕的时间，比如周末来做。如果一次做不完，也可以分次完成。只要孩子有兴趣，建议家长慢慢引导，陪伴孩子做手工。和孩子一起设计、涂颜色、美化，也是非常好的亲子时光，孩子参与得越多就会越主动。

家长提问3：这么多清单应该怎么安排？

家长提问补充： "一日时间饼"、早起清单、睡前清单、作业清单……这么多的清单，它们之间的关系是什么？如果同时使用，感觉孩子没有办法一下全部接受。是不是挨个使用，熟悉使用一个并且养成习惯后，再尝试下一个？养成习惯之后是不是就不需要了呢？

回答："一日时间饼"是让孩子知道一天有什么事情需要完成，帮助孩子进行宏观时间管理；睡前清单和早起清单是一个时间段要做什么，是孩子的中观时间管理；后文中的洗手清单、整理清单、作业清单等，关注的是一件事情如何做好，是孩子的微观时间管理。使用时，可以根据孩子的接受程度逐渐增加清单数。当孩子已经养成某个习惯时，这个清单就可以停止使用。

家长提问4：清单里面需要完成的事项，顺序可以打乱吗？必须严格按照这个顺序吗？

回答：家长可以先和孩子一起确定顺序，如果觉得不合适，可以和孩子协商调整。以按计划执行为佳，这可以锻炼孩子的条理性。同时按照计划和顺序执行，本身也是在锻炼孩子的时间管理能力。如果总是不能按照顺序，就没有规律了，如何培养习惯呢？

家长提问5：成长树帮助孩子养成习惯，一般使用多久有效呢？

回答：根据不同孩子的实际情况会有不同。按照我们以往的经验，孩子能够养成习惯，一般需要2周到4周的时间。另外，这个方法也可以用在其他习惯的培养上。

家长提问6：孩子对《后羿射日》的故事比较陌生，是否可以更换成孩子喜欢的别的角色？

回答：可以的。可以完全从孩子喜欢的角度出发，比如有的孩子喜欢葫芦娃，7个葫芦娃的形象也非常正面。我有个学员的孩子非常喜欢超级飞侠，孩子一看到就会非常兴奋，一下子就代入场景了。融入孩子喜爱的动画英雄的角色，孩子的接受度的确会非常高。所以从孩子的兴趣点出发，都没问题，孩子喜欢参与，才能帮助孩子更好地养成好习惯。

家长提问7：我家老大上初中了，可以用咱们这个方法帮他提高做作业效率吗？

回答：可以的。首先，这个游戏化清单系统，比较卡通、有趣，最适合初中以下的孩子。但是，儿童时间管理和成人时间管理有很多理念是相通的，很多方法不但初中的孩子可以用，甚至成人也是可以用的。当你掌握了方法后，只需要更改展现形式就可以了，把游戏化清单换成列表打钩的方式，比如，书里我们也提供了两种方式——导图形式、游戏化形式。导图形式就更适合大一点的孩子，并且导图也可以帮助孩子提升逻辑思维能力。

家长提问8：孩子起床由奶奶主理，总是赖着，怎么办？

家长提问补充：孩子5岁，早上我上班早，孩子起床都是由奶奶主理，他就赖着不起床或者晚起，甚至哭着起床，怎么办？

回答：5岁孩子的生活习惯几乎完全受他的主要抚养者的影响。按照书中方法：孩子白天精力充分释放→晚上睡得踏实→早上抚养者用孩子喜欢的音乐或其他方法将其唤醒→孩子不赖床，这样正向循环起来，早起会比较容易。另外，我们思考下：会不会是奶奶叫起床的方式不太对？舍不得早点叫孩子，直到最后一刻才叫，并且要求孩子一叫就马上醒。如果是这样的话，孩子的确会比较难受，就会出现各种状况了。

家长提问9：我家目前起床还好，但是，起床后稍有哪个"内容"没有处

理好，后面的"内容"就有情绪进展不下去了，怎么办？

回答：

（1）首先看见孩子背后的动机——其实他想完成好每一件事，期待完美，这非常好。

（2）联系积分系统，让孩子体验到一件事情对后续的影响。看得见的是，积分少了；看不见的是，时间里各个事情的相互影响。这时可以拿出时间饼，让孩子直观地看到每件事和时间之间的关联。

（3）如果和孩子无法协商，建议严格按照家庭会议流程开个家庭会议。书中的各种工具是环环相扣的。

家长提问10：孩子10岁了，起床不用操心，还需要做晨起清单吗？

回答：如果孩子愿意的话，可以做一下，否则后面积分系统里的积分会少。另外，起床可以优化下流程，比如在时间允许的情况下，增加个5分钟的晨间小运动，让孩子精神更饱满等，这点可以和孩子商量。不同年龄段的孩子可以有不同的设置。

家长提问11：如何利用时间表让孩子养成早晨朗读的习惯？

家长提问补充：我家两个孩子，一个7岁，一个9岁。早晨按时起床，做打卡任务，已经坚持1年多的时间，目前起床还算比较顺利。但晨起打卡，孩子仅在电子产品上晨读，我希望孩子早上起来拿着书本大声朗读，但孩子比较抗拒。如何利用时间饼和游戏清单来让孩子养成早晨大声朗读的习惯呢？

回答：

（1）家长需要接纳孩子短期内使用电子产品晨读。

（2）在后续积分表中，加大"拿书本大声朗读"的分值，比如在电子设备上读得10分，拿书本读可以得15分，从而激励孩子去做我们希望的行为。

（3）要注意，家长不要诱惑孩子，而是让孩子自己体验到"拿书本大声

朗读"效果更好，而且可以获得更多的积分。这样，这个体验才是孩子自己的，而非家长的意愿。

（4）父母希望孩子养成什么习惯，自己可以先尝试。身教大于言传，家长培养良好的阅读习惯，更容易影响到孩子。

家长提问12：做好计划后，执行时可以改成先玩再写作业吗？

家长提问补充：按照睡前清单的方法，列出了所有睡前事项，尊重孩子的意见排出顺序。我们制订的计划是：①20:00—20:30练字和口算；②21:30—22:00玩耍时间。但孩子询问能不能不按上面的时间，先玩耍再去做别的，并保证睡前干完所有的事情，但时刻和顺序不一样。关键是，他预估的完成时长都很乐观。我担心的是，如果先去玩，再来写作业，估计睡前完不成所有任务。

回答：我觉得可以先按照孩子的意愿来，做完之后，问问他的感受。相信孩子会发现，先完成作业再去玩，会玩得更爽。一般让我们疲惫的不是做那件事情，而是有一件事情一直搁在心里那种拖延的感觉。就像我们大人的每天三件事打卡，在一早效率最高的时候，把最难的那件事完成，整个一天的状态就会特别好。相信孩子也会有这样的体验。

家长提问13：孩子一定要完成跳绳任务才肯睡觉，怎么办？

家长提问补充：已经到计划的睡觉时间，但是孩子看见她自己制定的跳绳任务没完成，她坚持要跳完，如果满足她坚持完成跳绳，就会牺牲睡眠时间。另外，这种情况也是没有遵守一日便签计划，给她的感觉，就是这个计划很随意。我要怎么做比较好呢？

回答：

首先，你要"看见"孩子，并鼓励她："我们做了计划，你想要把它完成，太优秀了！"因为大人可能都不一定能做到，但是孩子却能做到，至少她想要做到，已经超越我们大人了。

其次，如果孩子想要完成，那就让她完成。如果孩子完成跳绳，晚上睡不着了，这就是一个非常典型的值得复盘的体验。家长要放松一点，偶尔有两次因为跳绳导致孩子睡的晚或者睡眠质量不好，其实没有太大的关系的。而更为关键是，孩子获得了因为跳绳导致晚上睡不着的体验，有了体验，就能够去复盘这件事情，改变她的思维方式。极端情况下，第二天早上很困，起不来。那么，找一个合适的空闲时间，比如吃早饭的时候，可以问她："我看你早上挺困的。你为什么会困呢？""因为昨天睡得晚。""为什么睡得晚呢？""好像是跳绳跳得太晚了。"

用我们的沟通句式，跟孩子沟通协商，问孩子："还有什么办法吗？能做什么调整吗？"大部分的问题其实是可以跟孩子协商解决的。我们要创造机会让孩子自己去想，虽然她可能有点小，想不到太多，这时候家长可以给她一些引导。例如，"如果我们早一点跳绳，是不是就可以早一点睡觉？早上起来就不会这么难受了"，关键要让孩子感觉到，这个方法是她自己想出来的，她会更加愿意执行，这点非常关键。

家长提问14：孩子周六贪玩，不做作业，怎么办？

家长提问补充：孩子五年级了。今天周六，上午9:30—11:00有软笔书法课，下午4:30—6:00有其他的课。除了这两个，其他时间没有别的安排。可是晚饭后，她玩到21:00才回家开始写作业。还有很多作业未完成，她似乎也不急。看到她仍不紧不慢的态度，我们都很着急，觉得她安排得很不妥。我想她可能觉得反正明天可以完成，但是，她没有思考过，这些作业是否能在明天一天之内全部完成。我判断她的作业在明天是无法全部完成的，因为有很多。我们家长的想法是，做作业要赶早不赶晚。我该怎么处理比较好？

回答：

（1）完成作业是孩子自己的事情，她需要自己安排时间。包括什么时间

做作业，先做什么作业后做什么作业。

（2）五年级的孩子还没有达到成熟的心智，比如她还不能做到把重要的事情都安排在最前面做完，就是我们说的"先苦后甜"。孩子会优先想要得到眼前的快乐，这很正常。但是父母可以引导，通过让孩子承担自然后果等手段，来培养孩子的习惯，而不要过度干涉甚至控制孩子。

（3）孩子和父母都需要有自己的边界。我们希望孩子成为什么样的人，养成什么样的习惯，可以自己先做到。父母可以做榜样，但不要事事给孩子做安排。

家长提问15：孩子遇到不会的问题来问我，我要帮助吗？

家长提问补充：孩子遇到不会做的题，我会让她读题画出关键词，然后她会思考很久，一般最后都会被她琢磨出来，但是时间就会花费很久。其实她在思考的过程中我也有些着急，因为太花时间了。像这种情况她过来问我，我要给予帮助吗？

回答：孩子琢磨作业的这个很慢的过程，其实是在整理思路，整合所学知识，并且尝试解决的过程。虽然有点慢，但是对孩子的思维锻炼是非常有帮助的，并且这个过程非常有必要。在这个过程中，我认为家长可以帮助他整理思路，但不直接做出结果。

这关系到陪孩子写作业的问题。就我自己的经历而言，尽量不要陪孩子写作业，特别是看着孩子写作业。因为我们会忍不住说：写作业姿势不对，握笔不行，思路不好，速度太慢……我们家长容易从自己的角度出发去干涉孩子，然后自己焦虑了，孩子也不愿意了……闹出各种问题。纠正别人也是我们人性的一部分，不要去挑战。

家长提问16：使用作业清单时，孩子不喜欢记录作业用时，怎么办？

家长提问补充：孩子写作业时，会使用番茄钟。她每写完一项作业，我

198

会要求她把作业完成的时间写在作业本上方，比如抄写、默写这项作业花了15分钟，我就要求她把15分钟记在作业本的上方。我告诉她，这样做的目的是，通过一段时间的训练，能够清楚地估算自己每一项作业所花的时间。但是孩子要么忘记写时间，要么就是不愿意。请问这个要求有必要吗？

另外，孩子不愿意每写完一项作业都记录花费的时间，因为她觉得麻烦。如果我帮她记录，她会不会依赖我的记录，而自己完全没意识要记录时间呢？

回答：首先我们要明确目的。让孩子记录时间是为了提升孩子预估时间的能力，使用番茄时钟最终是为了锻炼有节奏的专注力。回到实际使用场景，如果你一定要将两个目的融合，我建议调整为：原来番茄钟的方法不变，你先帮她记录用时。

她现在没有体验，如果强制让她自己记录，只能增加反感。我家孩子一开始也不愿意，我给他记了几天，现在即使我不管，他也会每天自己记，虽然还不是很精准。我是这么做的，我先记录了几天，也不多说什么。然后，有一天孩子约了小朋友去玩，我就拿出这个记录，让他自己计算现在还剩多少时间，多少作业没做。我会说，我帮你记录了之前的，我们算算怎么样合理安排时间才能做到18:00下去玩。

孩子的目的只有一个：有更多时间做自己喜欢的事。只要违反这点，对孩子而言都是"你要我做"，而不是"我想做"，结果可想而知。即使父母强势压倒，孩子最好能有所在合理范围内的反抗，否则青春期或成人后会出现各种问题。因为他会觉得我不能按照"我的想法"来和这个世界相处。典型就是"懂事的孩子"，在后面会有巨大的隐患。

所以，不到万不得已，不要轻易尝试控制。与未来一生的治愈成本相比，控制孩子得到的只是蝇头小利。这也是我在课程中特别强调"协商"的原因。

我和几百名妈妈深入交流过，太多人的心里创伤的根源都在一件件大

人以为理所当然的事情上。很多是父母爱得太用力，而伤了孩子，这个涉及心理学，就不展开讲了。总的来说，做法很简单，相信并尊重孩子，为所当为，做"60分妈妈"足矣。

家长提问17：儿童时间管理中的宏观、中观、微观有何关联？对我们接下来的学习有什么帮助？

回答：

宏观——一天的整体时间安排。

中观——一天中一个时间段的安排。

微观——一天中一个时间段中一个具体项目的安排。

这是通用思维模型，可以在多个场合应用，小到孩子时间管理，大到公司战略规划。

这个模型对接下来的学习有什么用呢？一句话来说，就是从认知层面了解自己的时间管理系统。越了解系统，了解彼此之间的关联，就越能发挥系统的作用。如果只在乎微观层面，就会掉入具体事项的技能陷阱。比如，如何更快地收拾书桌，如果只是单纯训练这个技能，而不清楚背后更大的系统，充其量成为一个收拾书桌很快的人。而如果只在乎宏观，就会不落地，不实操，忽视具体事项的效率提升，犹如纸上谈兵。所以，这个模型是需要了解的，尤其是陪伴孩子做时间管理的家长。

清单系统及其他

家长提问1：家里成员觉得"开会"听起来很严肃，不愿意参与。怎么协调和沟通家庭成员一起参与家庭会议呢？

回答：我们不一定非要称为"开会"，可以换个听起来轻松、愉快的名字，比如说"欢乐时光""甜点时间""讨论会"等。此外，还可以让参与者轮流担任"主持人"，让这件被认为"严肃"的事情变得有趣好玩起来。

家长提问2：家庭会议一般多久召开一次？

回答：建议固定每半个月召开一次，既能使家庭成员加强沟通，增进感情，又能及时发现问题、解决问题。如果有突发的需要沟通的难题，或者孩子主动提出来想要召开会议，也可以临时召开一次家庭会议。

家长提问3：孩子不愿意执行家庭会议制定的目标，怎么办？

家长提问补充：经过家庭会议的沟通，虽然父母和孩子对目标和行为都达成一致了，但是在实际执行时，孩子会情绪不好，不愿意继续执行，怎么办？

回答：建议和孩子做好充分的沟通。首先，在会议中，当孩子提出超出其能力或者短期内很难达到的目标时，父母要及时提醒，帮助孩子拆分目

标，确定执行细节。切不可想着"一口吃成胖子"，两三天就能完全解决问题。另外，可以依照行动失败后的预后方案来应对，如果预后方案也无法达成，大家还可以继续讨论，方法总是多于问题的。

家长提问4：在"家庭会议导图清单模板"中，沟通准备阶段的"期望目标"，和讨论议题中的"提出目标"，感觉是一样的内容，是否有些重复？

回答："期望目标"是在准备阶段的时候，家长预先想好本次会议所期待的目标；"提出目标"是在后续的家庭会议的进行中，和孩子提出目标，让他知道今天协商之后，要达成什么。前者是家长单方面的期望，后者是家长和孩子协商要达成的具体结果。

家长提问5：家庭会议中的感谢环节，具体怎么进行？

家长提问补充：家庭会议的互相感谢环节中，感谢对方是否要具体，不要宽泛？另外，三个人家庭会议中，一个人除了感谢其他二人，还可以感谢自己吗？

回答：建议就具体的行为或者事件，真诚地对此表示感谢。看见别人的付出，表达出来，会瞬间拉近彼此的心灵距离。这个环节，是奠定稳定沟通情绪的基础。另外，感谢自己是可以的，不过你也要相信其他人会感谢你，"看见"你的。

家长提问6：家庭会议中的"肯定优点"，是围绕讨论的内容找优点，还是和讨论内容无关的优点也可以提出来？

回答：是围绕讨论内容的。可以是肯定孩子的意愿，或者是孩子在做的尝试与努力（虽然可能有偏差或者效果甚微），或者是看到孩子想要解决问题并且想变得优秀的心，都是可以的。

家长提问7：家庭会议中的提问式建议，像是正面管教里的"启发式提问"？

回答：是的，家庭会议就是源自正面管教理念，但是我把流程模式化、工具化了，这样更方便大家使用。

家长提问8：家庭会议的时间控制在多久合适？30分钟？

回答：30分钟是可以的，太久孩子会疲倦，也会觉得浪费时间。建议可以放在周五，确定好要讨论的问题，解决方案可以和孩子商量着来。最后来点甜点，规划下周末的休息或游玩安排。这点对问题的解决具有辅助推进作用，我自己尝试过，效果不错。

家长提问9：任何一个好习惯的养成都可以用积分表吗？

回答：积分表是把所有清单串联起来的工具。第一，使用积分表能够让孩子体会到整套时间管理课程的系统性。第二，用积分表的方式可以促使孩子赚积分，从而养成好习惯。

家长提问10：一段时间养成一个习惯是不是比较好？

家长提问补充： 不是说一段时间养成一个习惯，等养成后，再进行下一个习惯的培养吗？但是，我看到积分表使用建议，可以同时进行3~5种习惯的培养。最后会不会眉毛胡子一把抓，孩子累、家长累，什么也没养成？

回答：可以同时做2~3个清单，建议不要超过5个，具体得根据孩子情况灵活而定。让孩子操作自如，能够体验到既能宏观自我管理，又能微观自我管理，而且可以通过积分的形式把所有清单串连到一起。

家长提问11：我家孩子晨起没问题，积分表里可以没有晨起清单这

项吗?

回答：如果是为养成习惯，可以不使用清单。建议使用清单的原因是可以保持积分系统的完整性。有了清单，孩子做事就有积分，利于孩子执行整套系统。除非孩子不愿意用清单，并接受这部分没有积分。

家长提问12：积分制消失，带来的好习惯会不会也消失？

家长提问补充：积分制一旦消失，带来的好习惯会不会也消失？这种用外在的力量（积分、特权）帮助孩子养成好习惯，会让她只为了积分而努力。

回答：相信自己的孩子本身就有内驱力（她本身就自律），这时外驱力启动后，养成的习惯就不会消失。

需要特别注意：积分表里定每项多少分不是关键，关键是多少分去兑换的东西，积分换取东西的比例要控制。积分兑换要合理，既要鼓励孩子消耗积分（一周一次），又要让她知道积分兑换东西的不容易。原则是刺激孩子多赚积分，又要让孩子积分兑换得快（不要让孩子觉得一点积分就可以换到她所有想要的）。

家长提问13：忘记写作业了要不要扣积分？

家长提问补充：孩子一到自主时间就想着玩，说作业做完了。但是，洗澡后准备睡觉时，才说英语忘记听写了。这样是否可以扣积分？或者第二天扣自主时间呢？

回答：自主时间是可以玩的，但是后续会使用相应积分。作业忘记做，可以用作业清单来管理。不建议采用扣积分，或者扣自主时间的方式来处理，这会导致孩子产生抵抗心理。

正确的方法是：学了后面课程，构建合理的积分系统即可。

家长提问14：如何让孩子感受到积分制是激励而非诱惑？

家长提问补充： 使用积分制，如何让孩子感受到，这是对事情本身的一种激励而非诱惑呢？如果孩子对得到积分更有兴趣该怎么办呢？

回答： 首先，积分不是一种诱惑。如果我们跟他这样讲，有了积分之后，你就可以把它换成钱，钱可以换成你想要买的吃的、玩的。这个时候，它就会变成一种诱惑。

积分背后的含义：

（1）这个积分，是按照我们和孩子共同协商的一些计划，做了之后，可以得到的奖励。这个奖励除了可以换成金钱，还可以换成流量卡、自由时间、免吼卡等，这是第一层意思。

（2）积分系统在我们的自我管理里面，相当于幼儿园的小红花。它是一种外部奖励机制。在自我管理的整个进程当中，我们使用积分，使用这种外部激励的机制，最终是为了让孩子养成习惯。让孩子体验到做这些事情本身的好处，从而变成他的一种内驱力。

（3）再退一步讲，孩子对积分本身很感兴趣，想赚很多积分，虽然这种情况比较少见，但对于我们做这个事情的目的来说，还是有利的。我们来看下积分系统的设置规则：如果想要获得更多的积分，他一定是做了你们共同协商出来的一些事情，其中包括父母希望他做的一些事情。赚的积分越多，这些事情做得也就越多，不单是做作业、学习，还有额外的任务，包括培养孩子的自理能力、整理自己的东西、做家务、倒垃圾、扫地等。如果这个积分让孩子有动力，他很想要这个积分，那他就会去做这些事情。而做这些事情，反过来不也是在培养孩子的能力吗？

家长提问15：孩子总刷抖音怎么办？

家长提问补充： 我家孩子今年7岁，二年级。时间管理课第一版时，我就购买了课程，当时孩子小，不配合。后来改版了，和孩子商量后，重新买了

课，但是执行了2节课，孩子就不愿意配合了，没有主观能动性，他的心思都在抖音上了。因为孩子爸爸整天刷，所以孩子也就跟着一起刷。一开始爸爸和孩子一起看，后来为了省事，爸爸干脆给了孩子一部旧手机……现在就整天刷了。

关于儿童时间管理的学习，孩子属于高兴时什么都能配合，不高兴时什么都不管用。最近因为疫情，孩子在家里上网课。我白天上班没时间，只有回到家才能协助孩子提交作业。我跟孩子爸爸沟通过刷抖音的问题。爸爸说，孩子学习累，刷抖音休息一会儿没什么大不了。我该怎么解决孩子不配合的问题呢？

回答：这个问题不完全是时间管理的问题，它涉及亲密关系的问题。

首先，你们夫妻两人教育孩子的价值观没有统一。家庭教育有个大忌讳——夫妻双方对孩子的家庭教育理念不一致。这是件很麻烦的事情，不是靠技能可以弥补的。因为即使学习再正确的东西，你说往东，他说往西，孩子就会很分裂，我到底该听谁的呢？所以，从根本上来说，你首先要跟你先生达成在家庭教育方面的观念一致，适当的时候还要做出妥协，因为不一定你都是对的。

其次，找到一个夫妻都能接受的平衡点。比如，你觉得孩子肯定不能刷抖音，但是爸爸觉得没问题，那么你们可不可以寻找一个平衡点，比如，一天刷多长时间合适？哪怕原来一天刷3小时，现在能不能变成2小时？你跟先生商定一致后，再用家庭会议的方式，和孩子进行协商。那么如何管控呢？可以用积分系统，也就是需要用积分来兑换刷视频的时间，并且要严格执行，必须要有积分兑换了刷视频卡才可以刷抖音，没有积分就不能刷，这是规则。当然这个规则不是父母一厢情愿的规定，必须要跟孩子协商一致。

最后，我们整套系统恰恰就是解决了这个具体问题。但是，这个问题背后的根本原因是，你和你先生的教育理念不一致，而导致的结果不单单会在孩子习惯养成上出问题，还有可能会在其他的方面有隐患。

那么，具体可以怎么做呢？

（1）先跟孩子爸爸协商。就这个事情来说，1天看手机时间到底是多少，确定一个范围。

（2）找孩子协商，确定方案。

（3）告诉孩子，他怎么样才能拿到1天刷1个小时的权限，不是想刷就能刷的。

（4）制定一个积分规则，包括1天能拿到多少积分，能兑换多长时间来刷抖音。

看你的问题描述，你担心孩子因为可以用积分兑换刷抖音的时间，而去赚很多的积分，这样反而不能控制孩子刷抖音的时间，这个完全不用担心。

首先，你可以设计兑换规则。在积分系统里面，你可以设计第1次刷30分钟抖音需要用50积分来兑换，第2次刷30分钟抖音需要用100积分来兑换。当然，这些规则都要跟孩子协商。

其次，孩子如果觉得积分不够用，想要赚更多的积分，就会去做你们希望他做的事情了。即使他还是每天玩3个小时，如果他能每天把这3个小时刷抖音的积分赚出来，说明其他的事情做得也不会差，否则积分不够，就刷不了那么久。总的来说，效果还是比原来好。随着积分系统的持续运用，你会发现，孩子不会一直这样刷下去的。甚至当他的积分为负，不够用的时候，就会对他产生一些困扰。比如，他玩其他东西的机会没有了，或者他想买东西，但是没有积分兑换成零花钱了。

我们要让孩子知道，这就是规则。这个时候，可以适当动用一些成年人的力量。规则是要遵守的，尤其是家长和孩子共同协商出来的规则。可以来点仪式感，大家一起签个字，甚至按个手印或者拍照，留下个不能抵赖的证据。这样，可以顺便教育孩子，我们做出的承诺，必须要做到。当然前提是父母平时对待孩子，是不是也能信守承诺？如果是，这就是个非常好的教育机会。

两个注意事项：

（1）不要一刀切。孩子之前一天刷两个小时抖音，家长希望从第二天开始，碰都不要碰了，这显然不太可能，需要有个循序渐进的过程。

（2）不要给孩子贴标签。你已经买过两次课程，孩子都不配合。不管孩子是否配合，我们的态度应该是，妈妈现在在学习，这是我的学习任务，我需要你的配合，你能帮助我吗？然后我们需要分析，他不愿意学习的原因到底是什么？因为你在问题中没有描述，所以我猜有可能是，孩子认为做这个清单很浪费时间，影响他刷抖音了。那么，你就要告诉他，我们做好时间管理以后，你可能会有更多的时间玩抖音。先让孩子去做，做着做着，他就会适应我们这样一个循环圈：他想要更多刷抖音的时间→得做更多我们想要他做的事情以及他应该做的事情→做了该做的事情→玩抖音的时间就少了，所以慢慢地会形成正循环。

家长提问16：我回家晚，孩子配合很难怎么办？

家长提问补充：我晚上下班回家比较晚，主要由爸爸带孩子，需要孩子配合就有点困难了。

回答：可以通过定制时钟，可视化，固化习惯。让孩子把时间内化到习惯当中，培养出规律的生活习惯。可以把DIY创意时钟挂在墙上，这样家里所有人都能看到，孩子对应的时间应该做什么事情。即使妈妈不在家，家庭中其他成员也知道，孩子到什么时间点该做什么事情，从而对孩子进行适当的提醒。这样一来，家庭成员间就会有统一的标准，所有家庭成员都知道应该依据这个标准来帮助孩子做时间管理。

家长提问17：关于孩子内驱力的讨论

家长提问：制作便利贴，是由孩子自主安排时间顺序，而不是家长来安排吗？比如，先完成重要紧急的事，再去完成不重要、不紧急的事吗？像看电视、玩耍之类的，如果让孩子安排所有的时间顺序，会不会养成孩子的坏习惯，他就把玩放在前面，把不喜欢做的事放在后面，比如学习？

回答：这个问题很好，也是父母很关心的。我们建议，由孩子自己安排并获得体验，哪怕是不好的体验。比如，孩子先玩再做作业，如果能保质保量也是可以的。但是如果孩子玩耍之后，来不及做作业或者作业质量不佳，出现这种情况，也是有积极意义的，这正是孩子需要承担的自然结果，这是正面管教中特别强调的。因为在孩子没有体验的情况下，父母讲再多道理，效果也不好，孩子不会感同身受。从长期来讲，这种让孩子自主决策的方式，恰恰更能够帮助孩子养成好习惯。

家长追问：如果没有自然结果的体验，或者自然结果对他没有效果又该怎么办？"双减"后，学校有托管时间，到17:30才下课。老师会布置作业，但是布置的很少，在学校里的这段时间，他本来可以完成学校作业和其他作业（比如额外的练习册、兴趣班的作业等），但是他只愿意完成少量的学校作业，不肯在学校把额外的练习册作业也做完。据了解，那个时间他用来在学校里看书。后果是回家后，他还要写额外的练习册作业，自由时间明显更少了，但是他觉得无所谓。我本来期待的是：如果回家没有作业的话，就有时间进行预习、听读英语、体育锻炼（跳绳）、课外阅读，玩耍等。

关于这个问题我认为不良的影响是：我刚刚说的这些任务，他都没有时间去做了。因为完成了兴趣班的额外作业就很晚了，要洗漱睡觉了。

回答：第一点，了解孩子的心理。我们要了解孩子的心理，不要评判对错。孩子在这个年龄段对时间管理最大的期望只有一个：让我有更多自由的时间做自己喜欢的事情。这个喜欢的事情可能是玩耍，可能是看电视或者其他。父母希望孩子做的其他事情也许更重要，但是孩子可能无法理解。

这里就会遇到一些问题：这些事情是不是他喜欢的？他喜欢的事情到底是什么？我给你分享一些经验。在孩子放学回来后，大人总是希望，孩子

能做一些我们认为很快就能完成的事情，比如说预习、听英语等。此时，我们可以换位思考一下，想象自己是这个孩子：我在学校里把作业都做完了，结果回家后，还有一大堆的事情等着我，我还是不能干自己喜欢的事情。那么这种情况下，孩子的最优决策是什么？一定是我们经常说的"拖延"。反正回家也要干这么多事情，还不如在学校做一些我喜欢的事情，比如看喜欢的书。

第二点，回到体验的问题，让他获得一个体验。体验是什么？有一正一反两种体验。

（1）承受"坏"的自然结果体验。也许会有那么一两次，孩子在学校没有做额外练习册的作业，而正好那天作业量比较大，甚至到了该睡觉的时候，他还是没有完成。这个时候，可以让他获得体验：作业没有完成，那就让他没有完成。老师在检查的时候，他就要承受这个自然结果，包括老师的批评。

这种情况下，作为家长，其实还是挺有压力的。万一做得特别过火，老师有可能要请家长谈话的。但是，没有办法，我们首先得自我建设：我们的目的是让孩子能够自律。自律的前提，首先他得知道什么是他的事情，这是他的课题。而父母能够做的仅仅是，帮助他、影响他，给予他一些我们认为对的方法。最终，一定要让孩子去体验到这个自然结果。这是第一种，类似让他承受"坏"的自然结果。

（2）获得"好"的自然结果体验。如果父母更用心的话，可以尝试一下，让他体验到一种"好"的自然结果。比如，平时孩子不愿意在学校做额外作业，那么我们可以和孩子沟通，尝试做一次。如果孩子愿意尝试，家长一定要让他体验到：我一旦在学校把这个作业完成了，回来玩的时间就多多了。

一正一反两种体验都体验过了，这个时候他才会知道，应该怎么做会比较"划算"。

第三点，加深孩子的体验，让孩子养成习惯。这个时候，又会出现一个问题：你可能会担心，他在学校里把作业都做完了，回家后，你给他少安排事情，他会不会养成习惯呢？以后每次做完之后，都会提出要求，少做事情。

这又要回到时间管理：①我们先让孩子养成这种习惯，比如他自愿在学校里完成额外作业；②我们再通过时间管理的方式，慢慢帮助他提高单位时间内做同样事情的效率；③这样做之后，他会发现，确实能够有更多的时间做自己喜欢的事情，慢慢地，这个习惯就会被内化了。

这个时候，对家长来说有一个考验，千万不能认为，孩子比原来进步了，多完成或提前完成了作业，就给他增加额外的练习。如果这样做了，基本上就前功尽弃了，孩子又会回到之前的状态。

家长追问：关于"坏"的自然结果，因为这个额外的练习册是孩子开学后主动要求我买的。学校老师不要求买练习册，也不批改练习册，我也不会被老师叫去。孩子在老师眼里是好学生，所以，没有这种"坏"的自然结果。关于"好"的自然后果，孩子有体验过的。"双减"后，有两次，他真的在学校里完成了额外的练习册，回来就直接看电视，和同学去玩，玩完之后再回来，订正分析错题。

回答：孩子真的很棒。所谓自然结果，就是指自然发生的，不需要家长去刻意安排的一个结果。比如，练习册是孩子主动要求买的，学校也没有要求，本来孩子是有时间可以做，没有时间也可以不做，这是一个自然的状态。

孩子主动买练习册，是他有内驱力的表现，他希望自己在学业上更上一层楼。如果说，因为他买了，我们就要求他一定要全部完成，倘若有几次没完成，还要质疑他为什么没有完成，如果是这样，其实我们是变相地把他的"内驱力"变成了"外驱力"。本来他完成这个练习册，是想自己提高，结

果变成了一种任务，他就不想完成了。

针对这种情况，在本次课程学习之外，我也分享一些我的个人建议：

（1）可以把他自己主动要求买的额外练习册作业，优先级排到后面一点。比如在学校把课内作业完成了，回来之后，可以先锻炼一下，比如跳绳、户外运动等都可以，这也是保护视力的做法。或者回家后先做些他喜欢做的事情，比如看课外书，然后再来安排课外练习册。

（2）但是我们要规定好，看半小时课外书，看完之后就要完成作业了。

（3）最重要的一点，不要把这件事变成一个必须要完成的任务，否则孩子会很有压力。

家长追问：您说到我心坎里了。他要求买，他说因为"双减"后作业很少，练习不够，所以要买练习册。可是我确实要求他要学到哪，做到哪，没做的话，我就有情绪，的确从"内驱力"变成了"外驱力"。但是，我的担心是，如果让他自行安排，有时间就做，没时间就不做，那么孩子肯定选择不做，有时间都变成没时间了，最后就是不做。

回答：

（1）我们要给孩子一种感觉——对时间的掌控感，他的时间由他自己掌控，而不是被妈妈规划。其实，越优秀的孩子，越想要自己规划好自己的时间。特别是女孩子，思想上相对会比男孩子更成熟一些。

但是，其实我们也知道，这个年纪的孩子是没有办法完全自主规划时间的。我非常理解你会担心他自己安排不好。所以，我刚才的建议是，我们既让他自己安排，又要求他和家长共同协商，这样自行安排的里面又有一些限制。比如能不能先做半小时喜欢的事情，然后再来做当初自己要求购买的练习册？我们也可以这样问孩子：你当初为什么要购买呢？去挖掘和赋予意义。

（2）还有一个可能有点理想化的方法，跟大家探讨。孩子在老师没有要求的前提下，自己要求购买练习册，说明他的内驱力是很强的。这个时候，最理想的情况是，让他把做练习册变成一种奖励。当然，这是有点理想化的状态，但也并非不可能。

孩子非常优秀，老师没有要求，孩子自己要求买练习册，说明他希望自己变得更好。但是由于家长要求"你要学到哪儿，做到哪儿"，孩子就会觉得很累，甚至以后再也不想自己买练习册了。这时候，作为家长，要做好心态上的准备，虽然这比较难，但也是我们要做的一种修行。你要知道：他不做，是应该的，因为这是额外的；他做了，我们就要非常真诚地表扬她，夸奖他"你太棒了"。

我们说太棒了，是指孩子的行为很棒。老师没有要求购买，你自己买了；我没有要求你做，你自己做了，这个时候，又会把这件事情变成内驱力导向了。

"最开始，妈妈觉得我做的事情是理所当然的，可是现在妈妈表扬我了"，孩子有了这样的对比，才会更有动力去做，做了之后，他大概率会比其他孩子做得更好。这样就变成了正向积累，孩子就有了内驱力。正向循环也就转起来了。

我觉得，你家孩子是有可能达到这种状态的。建议你可以试着做一些调整。

（3）远一点的目标——自我成长。其实不只是孩子，我们大人也是一样的。没有任何一个人，能够完全服从任何一个人的指令。他只有自己想做，才会去做。比如说，在我们翻转文化里面，除了儿童时间管理课，还有很多成年人学习的课程，比如时间管理、阅读等。当我要求大家每天必须要看一本书的时候，大家就会有些抗拒了。但是当他意识到自己到了某个阶段，需要自我成长了，哪怕是为了孩子或者其他成长，才会自己主动去做。

这就是内驱力和外驱力的区别。做家长，难就难在这个地方。我们既不能放任，又要从一个合适的角度去帮助并且尊重孩子，这是我们要一起修

行的。

家长反馈：不做额外练习册被允许，因为这是他自己的事。如果做了的话，就抓住机会正向鼓励肯定，以达到更激发她内驱力的目的。我发现以前我还是在控制，虽说让他自主安排，但我会问：你打算怎么安排这些任务？他就会说：我周一晚上完成英语，周二晚上完成奥数……如果他的安排在我的接受范围，一般就没有争执。好在我意识到了，以后会先觉察，尽量提醒自己，谢谢教练的指导！

第7章

学员分享

幼儿园二宝妈妈

我家有两个孩子，大宝5岁，二宝3岁，两个孩子都在上幼儿园。在儿童时间管理训练营学习了一段时间后，感觉最受益的不是孩子，而是我自己。我有几点特别深的体会。

1.孩子最在意的是能不能玩好，父母最在意的是能不能学好、把习惯培养好

开营第一课，教练的话让我印象深刻。了解孩子最在意的，才能在与孩子的相处中更好地去引导。三五岁的孩子，现在跟他讲大道理，他不一定很明白，但你告诉他节省的时间可以用来玩，他就比较乐意配合。

因为早点去幼儿园，可以在操场上活动。平时早上醒来晚，娃动作慢，我就会说快点，要迟到了，可娃根本不为所动。现在我改变了策略，会说："起得早，可以看一集动画片，去学校还能在操场上多玩一会儿。"娃的穿衣速度明显提升，甚至想出了一边穿衣服一边看动画片来节省时间。

2.各种有趣的清单让我体会到了育儿中游戏力的价值

之前听了很多育儿专家讲座，看育儿书中也谈到游戏力，觉得很好但没有在生活中实操过。通过这次学习真的实操起来，让我体会到游戏力的巨大

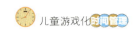

威力，现在我觉得育儿中遇到的很多问题可以通过游戏的方式去解决。比如使用游戏清单培养孩子早睡的习惯。我选用的是类似成长树的手指画，想着孩子自己选的图案完成的积极性更高。让大宝二宝一人选了一张自己喜欢的手指画，第一个完成睡前6项（刷牙、洗脸、洗脚、上厕所、脱衣服，进被窝）的宝宝第二天起床后可以按两个手指印，第二个宝宝按一个。实操了4天，睡前工作完成的速度明显提升，脱衣服特别快。每次按指印的时候都能感觉到他们的认真和开心。

中间有个小插曲，有一天晚上该睡觉了，大宝在客厅多玩了一会儿，我着急催促他，再不来就不能按指印了，他直接回我，那我就不按了。当时我就觉察到自己的表达有问题，情绪不耐烦还有威胁的味道，孩子的感受力很强，他体会到了我的情绪。我没有再催促和要求他，当天没再提手指印的事情。第二天换了一种方式，提前跟孩子们约定再玩5分钟就要准备睡觉了，时间到了跟俩娃说：第一个上床的小伙子，可以按两个手指印，还能选一本绘本让妈妈来讲哦。俩娃跑得一个比一个快。

通过这件事我体会到，不能把游戏变成任务，这样就有违初衷了，在实操中要注意细节，观察自己和孩子的情绪和状态，不断调整，让孩子在游戏中把习惯培养好。

3.孩子比我们认为的要自律，不要提前设限，想当然地认为孩子不愿坚持

跟大宝打卡英语分级阅读RAZ有3个月了，之前约定每天读3本新书，坚持1周可以实现孩子的一个小愿望。读低级别时，坚持得挺好，实现了他诸如去游乐场、动物园、游泳、海洋馆、买小颗粒积木等小愿望。

现在读E级别，说实话，我自己都觉得有点难，生词比较多，我想当然地认为孩子也会觉得难，会有畏难情绪，所以最近两周基本处于放羊状态，没有怎么坚持。昨天晚上，大宝突然跟我说："妈妈，我读RAZ吧，读30本实

现一个小愿望。"我当时有一种特别惊喜的感觉，这就是教练说的重启吧。孩子没有去学习，却用实际行动告诉我，什么是重启。每一步走过的都算数，前期的打卡体验已经让他开始有了自我管理的意识。

我特意问了大宝想实现什么小愿望，本以为是想买个什么大型玩具，原来是想再去一次游泳馆，想买馆里会发光的小海豚。看来小愿望确实能有效驱动孩子自我管理，等娃大一点，把课程里的积分表用起来，效果一定会很好。读绘本的时候我观察了一下大宝，发现他并没有我以为的畏难情绪，反而因为能读出难一些的句子而很有成就感。

4.习惯的养成不是一蹴而就的，孩子需要父母的坚持、引导和鼓励

关于小愿望，我想补充一点。不要认为孩子的愿望一定是吃甜食、买玩具或看平板电脑，可以引导他有其他可能。记得最开始我们约定的时候，我跟大宝说了规则，说到可以实现小愿望，我有点担心他会不会要玩具，要吃蛋糕，要看平板电脑一类的，我就引导他，小愿望还可以是去动物园、海洋馆、游乐场等，看他没有说话，我想着是不是吸引力不够，又接着说，也可以选自己喜欢的玩具。很意外他说要去海洋馆。我还诱惑他，也可以选奥特曼玩具啊，他说，我就要去海洋馆，后续还选择了去游乐场、动物园一类的。我想，可能在孩子心里，和爸爸妈妈弟弟全家人一起游玩比玩具更有意义。

在与孩子商量小愿望的时候可以先引导他选择出游、体验类的项目，不要直接给出吃蛋糕、买玩具的选项，也许孩子想要的刚好是我们希望的。当然如果孩子要买玩具也要尊重孩子的意见，后续再慢慢引导。

为了帮助孩子实现小愿望，我每天适时提醒。原来没有规则时是我要求孩子完成任务，现在是我帮助孩子实现愿望。孩子的感受是完全不同的，配合度也比较高，基本上一提醒就来读绘本了。读的时候，他状态好读得快，我会很夸张地说："今天读得好快啊！这个单词你都认识，什么时候会

的？"在读书过程中对他有一些正向的激励，让他把阅读和美好的体验联系起来，下一次启动也更容易。

我们设定的规则也是周六到下周五为一个周期，方便周末兑现愿望。孩子实现目标后，每次按约定带他出去玩的时候，我都会当着爸爸和弟弟的面说，我们今天去海洋馆，这是哥哥通过1周的坚持和努力换来的，我们要感谢哥哥哦。这个时候，明显感觉到大宝的表情都是满满的自豪。

以上是我的学习感受，与大家分享。育儿无小事，习惯的养成在于点滴积累，需要父母的用心、耐心和恒心。愿我们与孩子一同学习，共同成长！

三年级笑笑的妈妈

　　我是笑笑妈妈，笑笑今年上小学三年级。在育儿和家庭教育中我踩了很多坑，也在这次实践中有了很多的收获，写出来分享给大家。

　　之前我自己看了一些育儿方面的书，也参加了一些训练营，但总觉得少了点什么。感觉学了那么多知识，在日常生活中却不会用，学了那么多的话术，等到跟孩子沟通时却发现孩子不按套路出牌，使得我这个老母亲越发迷茫和不知所措，甚至越来越焦虑。都说"父母好好学习，孩子才能天天向上"，可是我学了呀，付费的训练营也学得不少呀，可是为什么越学越迷茫了呢？就是在这种状态下，我接触了儿童游戏化时间管理的学习，经过名师的点拨，感触颇多。

　　儿童游戏化时间管理，对我来说，收获最大的是"便签法"和"一日时间饼"。

　　"便签法"是将传统的作息时间表，用便签的方式展示出来，并用不同颜色的便签标注出必须要完成的任务、孩子自己要完成的任务和家长希望完成的任务。比如用粉色便签标注孩子要完成的事项，像玩玩具，听故事等；用绿色便签标注孩子必须要做的事情，比如刷牙、洗脸、吃饭等；用蓝色便签标注出父母希望孩子做的事情，比如，收拾自己的衣物，整理书桌，练字等。每半小时写一个任务在便签上，最重要的是要让孩子自己排序，哪怕孩

子的排序是不合理的，也暂时不要干预。

"一日时间饼"，是将便签上的任务以及时间安排，在一个表盘上表示出来，表盘是从1~24代表一天的时间，并画出扇形，用不同颜色或图案进行装饰。

为什么要做便签？为什么要画"一日时间饼"？教练说"一日时间饼"能非常直观地将任务和时间进行关联，将抽象化的时间变成具象化的任务，让孩子去体验。我感触最深的是这句话，"将抽象化的时间变成具象化的任务让孩子去体验"。我的理解是，孩子的成长是分阶段的，在孩子还没形成抽象化思维之前，我们需要用具象化的事物与其做关联，以便能让孩子理解。其实，别说孩子，就是大人也经常会存在"等我5分钟，马上到"，结果可能15分钟后，还看不见人影，何况孩子。"一日时间饼"及"便签法"将5分钟分解成了具体的任务，变成了看得见、摸得着的一张张便签，让孩子感受到时间的同时，也能知道这么长的时间内，我到底可以做完什么事情，这就具象化了。

其实孩子的具象化思维是与生俱来的，只是我们了解了孩子与成人不同的思维后，可以更加理解他们在学习过程中的一些表现，以及利用这个思维方式帮助他们在学习过程中解决一些难题。

孩子的成长阶段中还有很多类似的，将抽象化概念转变成具象化的情况。比如，大多数孩子在小的时候，估计都看过一本绘本——《猜猜我有多爱你》，这个绘本就将"爱"这个抽象化概念，转变成了"像胳膊这么长""像从这里一直到月亮上这么长"，孩子就能理解了，原来爱是这么长呀。之前看过一位妈妈教四五岁小姑娘学算数的短视频。

妈妈用温柔的目光注视着孩子，同时柔声问："宝贝，2加2等于几呀？"

孩子一边摆弄着玩具，一边轻松愉快地说"5呀"。妈妈愣了一下，但仍然柔声说："宝贝，要不要再想想呢？"孩子抬起头看着妈妈："难道是3吗？"

这时妈妈有点不耐烦了，皱了皱眉头说："你猜谜语呢？"

孩子感受到了妈妈语气的变化，可能是为了讨好妈妈，跑到妈妈怀里，皱皱鼻子，做了一个鬼脸，就跑开了，继续摆弄玩具。

这时，妈妈提高声音对孩子说："我告诉你，2加2等于4，记住了吗？"孩子停止摆弄玩具，看着妈妈点了点头。

妈妈接着问："2加2等于几？"

孩子显然有点害怕了，眼巴巴望着妈妈，低声说："等于5，哦不，等于3。"

"到底等于几？"妈妈开始吼叫。

"5、5、5。"孩子摇摇头、撇撇嘴，"3、3……"

"想好了再说，刚教你的，到底是几？"妈妈继续吼叫。

孩子开始掉眼泪："3？5？"

"1分钟前刚教过你，现在就又不知道了吗？再最后跟你说一遍，2加2等于4，等于4，等于4，记住了没？"妈妈有点歇斯底里。

孩子掉着眼泪、撇着嘴，委屈地直点头。

妈妈接着问："2加2等于几？"

孩子说："4。"

"几？"

"5。"

"几？"

"3。"

妈妈吼，孩子哭，"为啥第一次说是4后面又改答案？为啥？说清楚今天，还玩玩具呢，一个简单的数学题都做不对，玩啥玩具？"

说着，妈妈把玩具一把扔在地上，孩子崩溃大哭起来，边哭边说："我

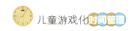

不会算，我算不对，我不会……"

分析这个案例，其实在孩子还很小的时候，他不理解"2"到底是什么，他不能将数字和数量联系到一起。如果我们问孩子"你有2颗糖，妈妈再给你2颗，这时候你有几颗了"，他可能就会很顺利地说出得数。这并不是说孩子贪吃，而是那个阶段他确实没法理解"2"是什么。

除了时间和数学，其实识字也是同样的道理，虽然字写到纸上是能看得见的，但是对孩子来说也是一个抽象化符号，跟数学中的123是一样的。所以我家孩子刚开始学识字的时候，我就把"电视""冰箱"这样的字贴在家里的实物上，孩子慢慢地就能把电视这个实物和这两个字去做关联了，刚开始我是这么去引导的，后来他自己就有意识去识字了。见到路牌，他就说"北京路"。那会儿他还不认识这三个字，我说你怎么知道的，他说因为我知道这条路就是北京路，所以路牌上写的也是北京路，就这样他就认识了"北京路"这三个字。

现在孩子上小学三年级了，开始有一些几何题，我也会有意识地让孩子根据题意用积木摆出来，实操一下，更有助于孩子深入的理解。现在已经察觉到孩子的思维方式和大人是不一样的了，孩子在一定阶段需要具象化出来，所以接下来呢，我会这么去做。

对于英语学习（我们基本没有做启蒙，就是跟着学校进度来的，所以还没开始背单词，认识的单词也不多），我准备制作一些小卡片或者直接购买现成的卡片，一面是图一面是单词，一盒卡片分成三个阶段，让孩子逐步去完成。

第一个阶段，让孩子看到图，能联想到单词并且读出来。

第二个阶段，让孩子看到图，不但能把单词读出来还要能拼写出来。

第三个阶段，直接给孩子单词，让他能说出意思，并且能听写或默写出单词。一个学期的单词不多，用这个方法过上几遍，慢慢积累，会提升识词量，有助于分级读物的阅读。不过这又增加了一项任务，得好好听课，认真实践，腾出时间学单词。

数学是孩子喜欢的科目，孩子在自己学习奥数，现在开始有一些记规律的题型了，比如多减的要加回来，少减的要继续减，这种规律单靠记忆是不行的。可以利用生活中的实际事例，引导孩子记住规律。给孩子一些零钱，让孩子自己去买东西，协助他记忆类似的规律。

上面就是我从儿童游戏化时间管理学到的抽象转成具象化的思维方法。孩子在一定阶段是没有抽象化思维的，对大人来说很好理解的东西，对孩子来说确实不好理解，所以将抽象化的概念转换成具象化的实物，对孩子来说更好理解。

我们家还有个"头等大事"，也是"头疼之事"——检查作业。目前，孩子的作业还是需要家长检查的，主要是检查错别字，并要求孩子不能用拼音写不会的字，而是尽量写出汉字。我一直有个目标，检查作业是为了今后的不检查。可是，我自己一时半会儿放不下，总是希望能看到孩子的作业，因为从作业中可以看到孩子的学习态度和学习状态。

检查作业在我们家是个大难题。因为检查和修改的时间加起来，比孩子做作业的时间还长，甚至还会长出两倍。究其原因，是我觉得孩子写得不整齐，达不到要求，从而要返工，甚至撕掉本子重新写。另一方面，看到孩子一遍遍改，也改不到家长期望的样子，就一遍遍地训孩子："你怎么写成这样？我再给你说一遍啊，如果你再写成这样，就不用再上学了。"家长火上来的时候，顾及不到说了这些话会对孩子有啥影响。

我心里的想法可能是，我至少说了、吼了、骂了，甚至打了，打都打了，我还能怎样呢？剩下的事，就是他自己努力了，我也没办法。做父母的责任尽到了。其实这也是一种懒惰，可以说是一个无能的借口吧。每次又很后悔，一个作业搞成这样有必要吗？但是，到晚上该检查作业的时候，就什么都不管了，什么后悔呀，该重写就得重写去。一遍遍上演这样的剧情，精

疲力尽。家长和孩子以及带孩子的老人都快要受不了了。说实话，我之前花了两年时间，到处求助，到处取经，时时刻刻提醒自己注意育儿方式，适当降低要求，都没解决这个问题。

在跟教练学习后，他帮我分析问题的根源，我有了拨开云雾重见天日的感觉。我们选用了一个最简单易行、不费事的工具——"手印树"的游戏来解决。最近一直在利用按手指印的方法，提升孩子检查作业的速度。

"手印树"是我儿子笑笑给起的名字。规则非常简单——如果达到既定目标，就按2个手指印；如果原地踏步就按1个，如果倒退了就不按了。

最开始时，我们每天检查作业的时间至少40分起。这都属于比较快的时间了，如果语数都返工的话，检查作业时长估计在1小时。

我们定的目标是，每天检查作业的时间，缩短1分钟，1个月内缩短到10分钟。其实在定这个目标时，我都不太有信心，但孩子很兴奋，那就试试吧。

这一试不要紧，从10月13日的40分钟缩短到了10月19日的16分钟，仅仅7天时间而已！每次完成后，我会跟孩子稍微复盘一下是怎么提升的。比如我们在检查作业的过程中，不说题外话，我和孩子都会有紧张感，有错订错，就事论事，不发散等。这样的话，我们能把注意力集中到作业本身上，而不是像以前除了说作业，还要把孩子数落一通，由此大大提升了效率。

但是，成长过程中不仅仅有进步，还会有挫折，甚至会有退行。之后的一次时间，比前一天拉长了8分钟。我们坐下来一起分析原因，孩子一下子就清晰地分析出，是因为这次作业错别字多了，订正的时间长了。（补充一下，我要求一个错别字需要订3遍，所以时间拉长了。）

我问："那下一步要怎么做呢？"

孩子说："我在学校写完以后，自己检查一下，检查完错别字，就能直接订正了，这个容易检查，对着书看一遍就行了。"

我很惊喜，表扬他："不错嘛，很有思路呀，那明天就执行吧！这样我们就能把8分钟追回来了，你就可以按两个手指印了。"

孩子说："那可不一定呢，说不定这样做，以后我们就直接达成目标了呢，也说不定根本不用10分钟而用4分钟就能检查完作业了。"

我说："那咱们就试试，这样你就有更多玩的时间了。"

好，就这么定了，现在到睡觉时间了，击掌睡觉。愉快的一天在击掌声中落下帷幕。老母亲真的倍感欣慰，也真的觉得方法对了，不但轻松了，离终极目标也就越来越近了。我知道在执行的过程中可能会有反复，但那又有什么关系呢？找到原因逐一解决，相信我们一定能达成既定目标，加油！

三年级 Jenny 的妈妈

我是儿童游戏化时间管理训练营的学员小燕。我女儿叫Jenny，今年8岁，上三年级。在孩子幼儿园的时候，我就意识到，要为孩子做时间管理，但是一直没做。到了二年级下学期的时候，我感到时间管理非常混乱，每天晚上都11点才上床，睡着又要花一些时间，一度焦虑。9月尾的时候，接触到儿童游戏化时间管理，被学习内容安排吸引，后来报名学习。

首先，感谢教练提醒我要看到孩子的亮点。在学习"便签时间法"时，我发现并体验到了。在和孩子一起实操一日便签法践行作业时，需要先列出每个时间段安排做什么事情。孩子晚上入睡时间一直比较晚，她居然自己想到并且主动要求把这个时间提前到晚上9:30，而且真的做到了，整整提前了1个半小时。这是我需要去肯定她做得好的地方。

其次，学习时间管理帮孩子平衡了自己喜欢做的事情，比如看书的时间。Jenny特别喜欢看书，下午放学5:30到家之后，会第一时间拿起书看。如果我不提醒，她可以一直看到晚上7点，然后才想起来去做作业。有那么一段时间，我一看到她在看书，就会忍不住唠叨："给你半个小时看书的时间，看完就去做作业！"然后，时间到了，就继续唠叨，一般需要叫很久她才会去。在学习之后，一日时间安排全部都是孩子列出来的，并且自己做成清单。其中家长希望孩子做的事情，也征得了孩子的同意，并且由孩子自己写上去。因为全都是Jenny自己动手做的，她的脑海里会有一个深刻的印象。所以，现在放学回到家，她自己定闹钟，看半小时的书，时间到了她自己就知道了。

再次，是对番茄钟的理解加深了。一直都知道番茄工作法，但老师这里是让我最清晰明白易懂的。番茄钟，除了提醒作用外，还可以使孩子对时间有感知。我个人觉得，对时间的感知，而不是去认识时间，这个是非常重要的。这里是我自己的一个体会，和大家分享。

还有一个非常大的收获是，关于做作业这件事情，原来父母和孩子是可以站在同一战线上的。现在孩子看了半小时书之后，就会抬头看时间，发现到了做作业的时间，她就拿书包到自己房间去做作业，我再也不需要像以前那样唠叨了。在时间表里，孩子会把写作业的时间排在前面。而晚上8点之后，就是她自主安排的时间了。我发现，在这个时间段，她表现得非常活跃。孩子有时候一做完作业就真的好兴奋，好开心，问我："妈妈，我后面的时间安排是怎么样的呀？做什么呀？是逗猫，还是看电视，还是折纸？"我说："都可以的，或者你想先做哪一个都行。"最终都是她自主安排的。

在我们学习践行刚1周的时候，我就观察到，这1个星期，孩子会有意识地说，到哪个时间阶段自己需要做什么，她真的非常有意识。

以上是孩子学习前后的对比情况，真的非常神奇，下面来说说我自己的收获。

学习之前，我对时间管理的认知，只有一堆数字概念，就跟我们的传统清单一样，一串时间的数据和后面的命令式指令。感觉时间是一个没有感情的、没有生活化的、不生动的、静态一张纸列出来的那个样子。学习之后，我觉得太有趣了，原来时间管理可以用这么有趣的方式来讲，比如睡前清单基于我们中国的一个神话故事——"后羿射日"，用射箭的方式，射掉所有的太阳，每个太阳就是一个任务，这样完成一项任务就射下来一个太阳。别说小孩子，大人都会觉得这样的方式太有趣了，它就是我们熟悉的一个故

事，又有故事听，又可以做任务，又开心又欢快。用这种方式去完成任务，太省时间了。

学习之前，我知道孩子有兴趣和社交需求。在学习之后践行时，我就深刻体会到了。比如，Jenny列时间表的时候，她给自己安排的自主时间，一个是折纸，一个是看书。我想起来，Jenny真的很喜欢折纸，从一年级开始，到现在，她会自己搜视频，自己照着去折出来一些东西。很多很难的，我都折不出来，由她来教我。经过学习，我有一个感觉，孩子真的很需要父母的协助。所以，我就去孩子班上的家委，申请帮孩子组织折纸交流会，给孩子找同伴。无论结果怎么样，我看到孩子需要这个协助，我就去帮助她，去行动，这一点对我的启发非常大。

学习之前，我以为孩子不懂得怎么安排自己的时间。学习后，我发现孩子对自己一日宏观时间安排是清晰的。做时间饼图那天，她的目光停在17:30那里。我说，便签表那里是从17:30到19:30，两个小时是连在一起的，你就直接这样做吧，然后我去忙别的了。等我回来看到，她把这个时间段分开来分成3份，17:30到18:00看书，18:00到19:00做作业，19:00吃饭。这样的安排，也帮助她后面的执行。后面跟教练交流，他说这样做非常好。通过学习，我和孩子都意识到时间的宏观管理很重要，重要的事情她知道了，后面的技巧我们慢慢来学习，大概就是这样的心态。

在学习的过程中，因为我自己心态平和了，跟孩子的亲子互动也更加良性，经常能体会孩子给我的感动和惊喜。那天晚上8点，我给3岁的二宝读绘本，她高兴得不得了。我抱着她，她后背贴着我前面，这是多么温暖的姿势。而8岁的大宝，这个时间是她的自主安排的时间，她去做自己喜欢的事情了。我觉得无论孩子多大，这个儿童游戏化时间管理都需要做起来，不仅能学习技能，也是非常好的亲子活动。以上就是我学习收获。

五年级小毓的妈妈

　　我想讲讲儿童游戏化时间管理带给我和女儿的帮助。我家孩子小毓，今年10岁，五年级。平时学习比较积极主动，"双减"之后，课外功课减少了，她主动要求增加练习册，是一个相对自律的孩子。起初报名前，我是犹豫的，我在想它对于我家孩子来说有必要吗？因为，我家孩子做作业不拖拉磨蹭，晨起也不会让我纠结，似乎是个非常自律的孩子，我还要不要学习？最后，我还是抱着试一试的心态参加了。学习之后，我发现最大的收获不是孩子的变化，而是我自己的改变，从想法认知上的改变带来行为上的改变。

　　第一点：我的感受与收获。

　　我最大的感悟是，我的想法发生了改变，而不再像原来一样纠结。其实你会发现家长越纠结，焦虑程度就越大。我列举几个事例来说明自己的进步。

　　学习之前，女儿放学后，需要休息半小时再开始写作业。休息时间里，她可以做一些自己喜欢的事，比如看书。但她从不会提要求看电视，因为她知道，在作业未写完的时候，妈妈是不允许她看电视的。而现在，我的想法彻底改变了，我认为放学后的30分钟属于孩子的自由时间，理应由她自己安排，我又何必纠结她去干什么。所以，现在每天放学后，她可能会看半小时的电视，那是她最开心的时间，毕竟到了小学高年级段，晚上是没有多少娱

乐时间的。

每年的寒暑假，我们也会列学习计划。以前，我告诉女儿，重要紧急的事一定要先做，不重要不紧急的事情，可以放在后面做。无形中给女儿灌输的这些认知，使得她在列计划的时候，列出来的，全部都是满满的学习安排，一项接着一项，而玩乐休息的时间所剩无几。这样，会导致孩子很累，执行计划的坚持度也不是很好。其实，什么是重要又紧急的事呢？在大人的眼中，那些学习的事都叫重要的事。而孩子并不这样认为，孩子会认为自己喜欢做的事，才是最重要的，比如看电视、玩、阅读……接触儿童游戏化时间管理后，我才发现，自己原来的想法是错误的，应该放手让孩子按照自己的意愿，安排事件的先后顺序，哪怕结果是糟的，不是我们想要的，那又如何？大不了，复盘，总结，改进，在试错中成长。长远来看，我们是在培养孩子成长型思维及敢于犯错的勇气。

以前，当女儿完成时间与计划时间不一致时，我就会非常在意。如果相差很大，就会免不了责备孩子，"你在哪里浪费时间了"之类的话，还会有少不了的提醒，生怕孩子错过时间。这样，不仅带来了亲子关系的障碍，更会使得女儿做计划时，不太喜欢列具体的起止时间，她也担心自己不能卡着时间点完成。现在，我发现自己没有那么在意时间点了，我想我的目标是，最终把孩子培养成为自己时间的主人。记得上次执行"一日时间饼"时，女儿虽然没有照着时间饼上的时间执行，但是我看到了她为之努力去做的样子，让我很感动。

第二点：孩子的收获与作业上的优化。

以前，她写作业时，至少写四五十分钟，才会休息几分钟。现在，使用番茄钟后，很多时候，我都能感受到，这25钟，她处于"心流"状态，作业完成总时间比以前短了。就像教练说的，松弛有度，潮起潮落。今天她还说，使用番茄钟后，感觉效率提升了，而且还能及时发现哪项作业花的时间比预计的长，这样利于有针对性地解决问题，查找原因。

　　这张是女儿做的作业清单（图7-1），自从用了作业清单后，作业前的准备工作，她做得很到位，比如倒好水，换好衣服，把当日需要完成的作业全部从书包里拿出来，准备草稿纸……用了作业清单后，她也不会遗漏"检查"这一项了。以前需要在我的稍稍提示下，她才会检查。上图里我圈出的部分，是女儿在我的引导下，把清单做得更加细化了，她想到可以用标贴的方式，把具体的作业写出来，贴在"Plan（计划）"上方，如果每天作业有变动，直接贴一张即可。这样做的目的是，不会漏掉具体的哪项作业。她还想到上面没有"订正"，所以她又补了一张磁铁。制定作业清单的同时，又锻炼了孩子解决问题的能力。

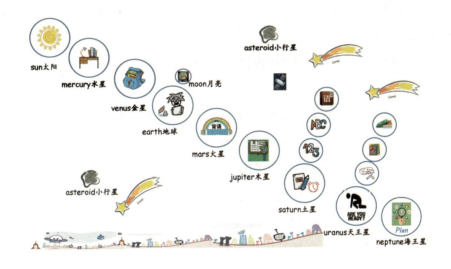

图 7-1　作业清单

　　作业清单可以提升解决问题的能力，不仅是学习方面，清单思维迁移到日常中，也可以帮助孩子提升解决问题的能力。女儿低年级的时候，我就开始让她尝试自己洗袜子和内裤。刚开始，要么忘记洗，要么不愿意洗。有时，会把所有衣物攒起来，在周末中的某一天洗。一次洗一周的袜子需要花很长时间，她会觉得很累。后来，我们头脑风暴，想出几条解决方案：贴小

纸条，墙上写标识提醒，换在其他时间洗（比如早上或中午），列清单，增加奖罚措施。她最后选择了贴小纸条，墙上写标识提醒，列清单的方式。即使头脑风暴后想到的解决方案执行起来，也容易忘记。后来她就想到，直接用记号笔在卫生间淋浴房的瓷砖墙面上写下"记得洗袜子和内裤"。就这样，慢慢养成了自己主动去洗衣物的习惯，不再需要大人提醒。

我记得她爸当时还说家里的瓷砖坏了，字写到瓷砖上面洗不掉。但是，我支持孩子这么做，因为我觉得这是孩子自己想到的，该给她点赞。后面我把这条写在她的成长日记里，她很开心，觉得自己能力感爆棚。只要我们在生活中有心发现问题，多用启发式提问，引导孩子自己想办法，而且想到的办法真的解决了实际问题时，我相信孩子会有满满的价值感，并且她的能力会不断被激发出来。

只要用心，生活中一些小的问题，都可以让孩子试着去解决。哪怕她想到的办法不一定行，这个过程中，我们不仅要耐心等待与引导，还要"按住"自己急迫想要给予建议或答案的心情。久而久之，孩子解决问题的能力就会得以提升，并且她在解决问题的时候还需要启动她的大脑思考。

最后一点，我想分享的是孩子的情绪"被看见"。孩子的情绪得以疏通后，作业的效率会提升很多。我想分享，在我们家发生的一件很有触动的小事，希望给大家启发，让爸爸妈妈能更多地"看到"孩子。

昨晚因为各种事（当然其中也包括作业），我和孩子都很生气。孩子走进自己的房间，说要用自己的方式去冷静一下。过了几分钟，她把我叫进她的房间，邀请我与她一起玩"非暴力沟通游戏盒"。我解释一下"非暴力沟通游戏盒"，是一款自己与他人连接，同理对方感受，倾听对方需求的游戏盒子。我很意外，想不到孩子比我更懂得处理情绪。就在我猜测女儿的需求，倾听她需求背后的原因时，我禁不住流泪了，我才发现，自己是那么不理解孩子，甚至不了解她。而后，我们互相拥抱。我很感谢自己的孩子，让我能真正地"看见"她。平时我们以为自己很了解、很理解她，其实，我们远没有自己想象的了解。所以多一些"走心"的倾听，当我们"慢"下来并愿意听他们说时，孩子的心是打开的。

最后我想补充一点，是我以前从未这样做过的。在孩子做作业的时候，我会做观察并记录。不是坐在她旁边当个监工，而是在房间另一端，一边做自己的事，一边偶尔观察，然后我会把我认为错误的行为与好的行为记录下来。当然，在这个过程中，无论她是否做错了，我都不会去打断她。晚上临睡前，我会先肯定她做得好的地方，再指出需要改进的地方，找到原因对策，第二天跟进整改。

我发现，孩子的自我管理不仅仅是时间管理的范畴，也能培养自律，从某些方面还能激发她自己去解决问题。这个体会太好了。

学过技能，是否可以高枕无忧？

学过技能，是否可以高枕无忧？
答案是否定的！

1. 学过不代表学会

首先，我们学过的任何技能，不管是孩子学的还是大人学的，学过不代表真正学会了。从知道到做到，其实隔了千山万水。因为这中间缺了一个很关键的内容，叫刻意练习。

很多时候我们会把知道和做到混淆。我们知道一个东西，就认为能够做到，而且认为一定能够持续做到。

举个例子，大家可以观察我们群里的发言，会发现学了儿童时间管理之后，我们对孩子的时间管理能力期望值会非常高。我们学会了一个清单，叫作业清单。这个清单孩子学过一遍，做过一遍了，你潜意识里就会觉得，从此以后，孩子不但会自动完成作业，而且还会完成得很优秀且不拖拉，但其实是很难做到的。

为什么这么说呢？大家可以想一想，我们从小到大学的任何一个知识点，是不是老师课堂上讲了一遍之后，你完全就能够掌握？比如，老师教给我们一个写作文的方法，是不是听完之后马上就能写出来一篇高水平的作文呢？显然不太现实。

那么，对于孩子的学习也是一样，孩子学了一个方法技能，当时感觉好像听懂了，然后家长也跟孩子一起做过一遍了，家长就想要求孩子完全掌握这个方法，并且一直做到，其实也是不太现实的。

2. 家长更应该关注孩子是否进步，而不是有没有做到100分

很多家长和孩子是第一次接触时间管理，所以要做到完全掌握并不容易。我们不应该只关注孩子在这个方面有没有做到100分，而更应该关注孩子是否比原来提高了1分，且能不能持续地提高1分。

家长关注的点不一样，整个心理状态就会不一样。如果你关注的是孩子有没有做到100分，注定会焦虑，而且会非常焦虑，因为孩子做不到。而你的焦虑反过来又会抑制孩子在这个领域的成长，久而久之，就会进入恶性循环。但如果你关注的是孩子在这个过程中有没有受益，有没有微小的进步，并给予孩子及时的正反馈，那么你和孩子就是同一战线的共同体，孩子感受到的是被家长陪伴成长的感觉，最终的结果会完全不同。

任何知识产品在宣传的时候，一定会宣传亮点，以及能够带给你哪些益处，但你要知道它是有过程的，并不是一蹴而就的，习惯的养成从来就不会一蹴而就。

3. 退行是正常的

有一个非常重要的概念，你一定要知道：任何普通人，不管是大人还是孩子，培养习惯过程中都会有阶段性的退行。所谓的退行，就是指又回到了过去的状态。

比如，我自己学习时间管理的时候，一段时间的自我管理做得不错，然后过了一段时间之后，慢慢又回到了原来的样子。这是任何一个正常人，包括很多自我管理大师在内会遇到的情况。只是有的人会说出来，有的人不会。

大家看到市场上的一些宣传：学会一个技能，从此再也没有任何问题，快步流星地走上人生巅峰。这是出于营销的考虑，也不是欺骗你，而是把达成的过程隐去了。实际上，最终确实是有些人可能走向了人生巅峰，但是中间一定会有退行，也一定会有退行后的重启。

我给成年人做的时间管理课程迭代了15版，为什么会迭代15版？因为教授学员的过程中会发现问题，然后去修正。还有一种情况是，我可能也出现了退行的情况，一段时间停下来了，我也需要重启。

4. 重启才是时间管理的核心

这里提到一个非常关键的词——重启。重启才是时间管理的核心，所以时间管理并不是一成不变地持续坚持再坚持。

重启是什么？是重新启动。

比如，在给孩子做时间管理的时候，你会发现，怎么孩子今天没有昨天做得好呢？怎么清单里有9件事情，可是他只完成了6件？作业怎么没有完全照番茄钟的方法完成？怎么孩子还想再玩一会儿？这些都是正常现象。

我们要关注的，不是孩子的时间管理清单有没有100%完成，而要关注孩子有没有比之前有微小进步。比如之前孩子根本不列计划，现在好歹能列个计划了；比如之前孩子写作业中途可能各种屎尿屁，现在他能够长时间专注了。这样的微小进步，你给予孩子及时的鼓励和肯定，这就是正反馈，就是"看见"孩子。

只有"看见"了孩子的进步，你才能激励他继续前进。但同时，父母要有抱持性，什么意思呢？比如你发现孩子退行了，甚至比原来做得还差了，你要抱持住他，也就是全然地接纳他。你要相信我们学习的是一个好的方法，我和孩子能够用这个方法重新启动。这才是真实的成长过程，大人孩子都是一样的，对任何正常人来说也都是这样。

5. 三点具体建议

前面说了很多理念的部分，下面我们具体说一说怎么做。给大家一些建议，也是我的一些经验总结。

（1）孩子有微小的进步，请给予孩子及时的正反馈。不要因为进步太小而不表扬他。

（2）接纳孩子的不完美，也接纳你的不完美。接纳我们自己是个普通人，每个人的成长都是需要时间的，一定要在心态上先接纳自己，你才能影响孩子，让孩子稳定地用一种方法持续前行，即使过程当中他停下甚至有了退步的情况，也没关系，从头再来。

（3）可以间断的坚持。就是刚才说得比较多的一个词——重启。

什么叫间断的坚持？有两种极端情况：有些人，学了一个技能，但一碰到困难就直接放弃了，因为他觉得这个东西没用；有些人，他觉得这个东西挺有用的，所以要做到100分，必须要做到100分，中间哪怕丢掉1分都不行。

这两种都是有问题的，我们要做的，是一种中庸，所谓的中庸就是恰如其分地正好。对于我们学习时间管理来说是什么？就是重启。中间有间断，中间有做得不好的地方，没关系，明天再来，看看明天哪里能做得更好。即使中间停掉，过了1个月，甚至停了几个月，也没有关系，关键看你有没有能量去重启。

我们在用这套时间管理系统的时候，有时候会停下。一方面，可能是到了某个节点，孩子不愿意继续下去了，因为他的新鲜劲过去了，或者是在积分的过程中，孩子受挫了，他就不想继续；另一方面，就是父母坚持不下去了。在整个过程中，父母没有达到自己的预期，所以觉得没必要继续了。放弃是非常容易的，但是想要有收获，就要坚持，这个坚持可以是间断的坚持。

我自己的时间管理以及我孩子的时间管理，都是这样的过程。一个正常人，不会自律到学了一个方法，就能一天都不间断地用一辈子。至少到目前为止我没有见过这样的人，包括很多做时间管理的同行，很多导师是这样，更别说普通人了。

学习儿童时间管理之后，方法大家都掌握了，但你可能没用时间管理的方法，或因为各种原因停下来了。没关系，只要这个种子在你心里，这个方法在你脑海中，你就可以随时重启。长远来看，这对你来说才是有意义的。

如果学了这个方法，当下你非常有激情，跟孩子一起练习，然后也取得了一些成果。但是过了之后，你一辈子再也不用了，那么，可以说你这次学习的投入产出比是非常低的。无非就是在这段时间里面，自我感觉良好，这不是我们想要的。

6. 总结

前面给大家做了一个理性的分享，我们学过一项技能之后，能不能从此高枕无忧？答案是不能。

首先，给大家解释了一下原因。从听到一个知识到知道一个知识，到懂得一个知识，到当你会用这个知识，再到当你能做到，最后到你能持续做到，这中间隔着千山万水。而知道一个知识被很多人认为是学习的全部，但这其实只是很小很小的一部分。这是个学习的误区，导致很多人学不好。

其次，关于怎么做给了大家一些建议。简单来说3点：①去看见孩子微小的进步，给予正反馈；②去接纳孩子做得不完美的地方，给予抱持性；③如果中间以及未来有停滞的状态，我们要有重启的能力。

相信有了这套方法，你跟孩子在时间管理方面能比原来做得更好，哪怕一点点。这些底层的东西，你知道了之后，在学习和使用的过程中，一方面能降低自己的焦虑；另一方面，从效果上来说，能在一个长的时间段里，给你带来持续的、正向的积极意义。

这也是我们翻转文化非常崇尚的一个理念——终身学习，成为自己。

学习是一辈子的事情，而最终来说指向的是成为自己。我们是更好地成为自己，而不是成为更好的自己。因为你原本就很好，只需要你去做自己。孩子也是一样，其实孩子原本都是很不错的，只需要一些合适的方法去做他自己，为所当为。

有了这样的心态，我们就会对自己有一种自我价值认同感，我们才启动了成长。终身学习，成为自己，我们一起共勉。

学习到尾声，我开始倦怠了怎么办？
（儿童时间管理训练营分享）

1. 你需要必要的坚持

课程进行到后半程，大家是不是感受到了疲惫？作业提交率也大幅下降了。这是任何线上训练营的正常现象，但我们这个训练营，大家仍然需要坚持！

2. 为什么要继续学习？

大家可以回顾一下我们在学什么。当时参加这个课程的目的还记得吗？是不是主要为了协助孩子做好自我管理，让孩子学好、玩好？但是，如果父母在学习一个课程时半途而废，那么我们在孩子眼中会是什么形象呢？我们又怎么能起到表率作用呢？

孩子的学习，很多时候其实是在模仿大人，相比言传，身教要重要得多！因此，我还是希望大家能坚持学完课程，并且做完作业。拿到方法，静等结果。请记得孩子在看着你学习！

3. 现在具体怎么做？

很多事，如果家长自己做不到，是没有理由要求孩子做到的。但是，我也知道，学习是非常逆人性的，人都想退回到舒适区，哪怕知道这个事情很有意义，应该要做，也还是很难行动起来。

到了现在这个阶段，你落下了一些作业，并且自己确实也开始倦怠，这时应该怎么做呢？

（1）接纳自己，普通人的学习过程就是这样。

（2）和孩子交流，真诚地描述自己的感受—— 我也觉得学习挺累的，你每天做那么多作业真是不简单。这是在和孩子共情，让孩子感受到被理解。

（3）提出解决方案——虽然很想拖延，但我们还是要坚持学完这个课程。因为我们学会这个技能后，可以高效地完成很多事情。这样就可以拥有更多的自由时间，做自己喜欢的事，想想也是值得的！

（4）邀请孩子加入。我会加油的，你呢？要不要和我一起完成挑战？

如果确实能够做到这几步，你将不止于收获儿童时间管理技能，还拥有更自律的孩子。

好父母为孩子花钱，更好的父母既为孩子花钱又花时间，而最好的父母不但为孩子花钱、花时间，更看重和孩子共同成长！都说陪伴是最长情的告白，我认为还不够，陪伴成长才是最长情的告白。终身学习，成为自己。真诚地希望父母能从这本书开始，真正做到陪伴孩子成长！

衷心感谢

第一次出版图书，在写作过程中的确遇到了很多困难，但幸运的是，我得到了很多人的热心相助，我和我的团队在克服困难的同时也成长了很多。在此，要对帮助过我的各位表示衷心的感谢。

感谢茉茉和momo老师两位小伙伴在我写作过程中给予的大力协助，没有他们可能就没有本书的面世。

感谢北京品雅文化有限公司的蔡荣建老师和段会敏老师在出版过程中的大力支持和耐心指导。

感谢一些小伙伴在本书写作过程中的交流与讨论，他们提供的真实案例使本书内容更加饱满和特别。

他们是：王沛、寒山、筱涵、火樱桃、一直、兰欣、笑笑妈妈、卉卉、歆依、祉茗、断舍离、程程、石头妈妈、岚、小燕、嘟嘟妈妈等。（排名不分先后）

推荐语

　　儿童时间管理是一个大的系统，家长掌握后，遇到孩子日常自我管理和习惯问题将有方法可寻，每个模块单独拿出来，都可以针对性地解决单个问题或者迁移到生活中各个方面。它依据儿童心理学理念，让家长获得一个培养孩子的新的视角，以平等的尊重的姿态，悄悄走进孩子的生活，以孩子喜欢的方式，让孩子体验到在轻松的亲子养育中，习得知识和技能的快乐。它把知识融入亲子游戏，跟生活建立链接，不再仅仅是技能，而是最底层的自我管理的能力和贯穿一生的习惯养成能力。感恩在孩子入学前遇到这套系统，《儿童游戏化时间管理》是一本特别好的系统性的指导手册。

——笔记官茉茉

　　T 教练的这套时间管理方法不仅是写给孩子的，更是写给大人的。通常我们都会认为，时间管理就是要抓紧时间，高效利用时间，不浪费时间……但其实这样的理解显然在读完这本书之后被颠覆了。时间管理本质上是目标管理、自我管理。而对于儿童来说，太强的规则，太多的理论，太严苛的要求，都会直接导致执行层面上的失败。这本书中介绍的方法不仅有趣，易于执行，而且让孩子在做游戏般的玩耍中，不知不觉建立起了习惯。本书提供的时间管理方法可以让孩子受益一生，让家长免于焦虑之苦，推荐家长和孩子共读。

——私域创富教练　momo

每个孩子都需要培养有意识的时间观念，养成良好的时间管理习惯，这是孩子学习和以后工作生活最基础的能力和有力的竞争力。T教练这本儿童游戏化时间管理书，每个方法都落地实操，已经帮助数万家庭的孩子从小掌握了正确的时间管理方法。会管理时间，意味着会管理自己的人生，可以让孩子更自律，也更从容。

——个人成长教练　王沛

我想用两个词来评价这本书——实用、有趣。书中内容从理论、工具到游戏，寓教于乐，孩子很容易接受，也乐在其中。这套体系融入了T教练深厚的自我管理的理论功底，低年级的孩子能用，高年级的孩子也能用，甚至家长也能从中受益。

——私域内容运营　寒山

儿童的时间管理从日常生活的吃喝拉撒开始，通过在游戏中投入地玩而培养一个一个的小习惯。不知不觉中，孩子便成长为一个有能力、有方法找到人生规律的人。

——全职妈妈个人发展设计师　一直

儿童时间管理通过游戏化的方式，让孩子轻松学会管理时间，有效激发孩子内驱力，从小开始克服拖延、磨蹭，培养自律性，让孩子从小养成受益一生的良好习惯，成长为真正的时间掌控者。

——职业规划师　火樱桃

好玩、好用又好看的时间利器，让孩子更自律，让家长更放心，让亲子关系更和谐，不信，您试试？

——翻转讲师　筱涵

认识教练是8年前的事情了，终身学习，提升自己，一直是教练在践行的事情。有幸作为第一批学员参加了教练的儿童游戏时间管理训练营，到如今，孩子早已经学会自己的时间管理，这是每个妈妈轻松育儿的必备神器！

——文案营销教练　兰欣

这本书不仅教会了父母如何利用游戏化的方式协助孩子自己进行时间管理，而且还教会了父母与孩子相处的正确模式，以及解决问题的思维模式。这本书如果看懂了，学透了，基本可以解决任何一个您遇到的育儿问题。如果深入学习，可以掌握遇到问题时该如何一步步思考的方法。真可谓是一本理论结合实际的育儿宝典。

——笑笑妈妈

亲爱的，

你家孩子是否能按时起床、洗漱、上学，一气呵成，不需旁人催促？

你家孩子是否能明晰自己的作业，按照时间节点顺利完成？

你家孩子是否能在约定的时间内，放下手机，心无旁骛地做事？

如果答案是确定的，恭喜，孩子已经发展出较好的自我管理和时间管理的能力；如果你的答案是否定的，特别推荐你和孩子一起来读这本书。

本书内容科学实用兼具趣味性，同时从不同的维度、层面，运用心理学知识、高情商养育技巧，从心理准备到身体实践，双向促进，助力孩子从小养成自我管理和时间管理的能力，书本兼具专业性、可读性，是一本不可多得的工具类习惯养成书，特别期待看到你和孩子的进步。

——亲子情商赋能咨询师　卉卉

很多家长在愁怎么培养一个自律又有学习能力的孩子，我也一样，其实我们需要的是给孩子一个习惯，一个可以坚持、可以实操，并且有趣又好玩的习惯。T教练这本儿童游戏化时间管理书，我家5岁的弟弟一开始接触就特别喜欢，每天都在催促我去学习，去坚持，颠覆了我对时间管理枯燥乏味的认知。相信从小养成这样的习惯，长大了在学习、工作、生活上的时间管理都不是问题。

——女性财富榜样　歆依

你的孩子会管理时间吗？你想让孩子学习玩耍两不误吗？如果你有这样的困惑，一定看看这本书，让你的孩子在游戏中学会管理时间，学会自律，做好自我管理！

——高级英语教师 祉茗

会管理时间的孩子，受益一生！不会管理时间的孩子，学到深夜也徒劳！给孩子最好的礼物之一就是从小带孩子学会时间管理，自律的孩子更自由！时间管理助力孩子更自律。

——心理咨询师　断舍离

儿童时间管理课程中的游戏清单让我体会到游戏力的巨大威力，现在觉得育儿中遇到的很多问题可以通过游戏的方式去解决。

——终身成长践行者　程程

T教练的这本书里提出了很多方法和技巧，对当下父母会有很多的借鉴和启迪意义。在游戏中培养孩子管理时间的能力，和时间做朋友的习惯。时间管理能力是一个人一生都需要的能力，更是一个人最底层的能力！时间是普通的，但是这本书就像一个魔法棒，让时间变得不普通。

——初中数学老师　石头妈妈

游戏化儿童时间训练营改变了我的认知，更能尊重孩子，把时间管理的权利交还给孩子，真正让孩子体验真实的后果，从而更好地成长。

——岚

T教练的儿童时间管理体系，带给我们很多的惊喜。除了关于时间管理技巧的学习之外，还能得到亲子关系的改善，夫妻之间与家庭之间关系的融洽度提升。游戏化技巧可以灵活应用到生活的各个方面。整个大的儿童时间管理框架拆分为一个个小目标课程：化整为零、循序渐进，使问题简单化，让人享受成功的喜悦！

——小燕（Jenny妈妈）

老话说得好：一个人把时间花在哪里，成就就在哪里！帮助孩子从小做好时间管理，对孩子的余生都有利！

——早教师　嘟嘟妈